Sylvia Pommert

Unsere Kindheit, unsere Jugend ...
... wo sind sie geblieben?

Geboren in den 50ern

Alltagsgeschichten aus Ostdeutschland

Fotos: Pommert, Lange, Zerfass, Kühner, Wirtz, Herkules Verlag
Titelfoto: Abiturienten 1972, Franckesche Stiftung zu Halle

4. Auflage 2008

Druck und buchbinderische Verarbeitung:
Druckerei Steinmeier GmbH, Nördlingen

34128 Kassel, Richard-Strauß-Straße 33, Tel. (0561) 9 37 17 38
www.Herkules-Verlag.de
ISBN 978-3-937924-61-8

Inhalt

Vorwort

Zigarettenqualm wabert durchs Foyer. Immer mehr junge Leute drängen hinein. An der Kasse ist es eng. Aus dem Saal klingen Gitarrentöne. Die Musiker stimmen ihre Instrumente. An diesem Samstagabend spielen die „Meteors“ zum Jugendtanz im Klubhaus. Die Beatgruppe ist angesagt, die „Hütte“ bald voll.

Die „Meteors“ sind eine lokale Größe. Fast jedes Wochenende stehen die Jungs auf den Bühnen der Stadt oder ziehen durch die Kneipensäle auf den Dörfern ringsum. Sie bringen gute Westmusik, so weit es offiziell erlaubt ist. Doch wer zählt schon nach, ob die Titel genau zu 40 Prozent aus dem Westen und zu 60 Prozent aus dem Osten sind.

Gerade hat Sybille eine Karte ergattert. Etwas derangiert rollt die angehende Abiturientin ihre weißen Strumpfstiefel hoch und zupft den Minirock aus Lederbahnen zurecht, den die Eltern von ihrem letzten Urlaub am Balaton mitgebracht haben. Während sie sich vor dem großen Spiegel mit einem weißen Lippenstift über den Mund streicht, schaut sie bewundernd auf das Mädchen nebenan. Heidi kämmt ihre hüftlangen Haare und zieht den hellblauen Lidschatten nach. Aus ihren knappen heißen Höschen schauen schlanke Beine. Die zeigt sie jetzt nur allzu gern, denn tagsüber muss die künftige Zahnarzthelferin oft einen Kittel tragen.

Der lange Werner, der nachts bei der Bahnpost Briefe und Pakete befördert, geht mit seiner Freundin an den beiden vorbei in den Saal. Hose und Hemd hat er sich nach „Bravo“-Bildern von den Beatles nähen lassen. Wirklich gut sieht er aus.

Stunden später zieht Klaus-Dieter, Sänger und Gitarrist bei den „Meteors“, die Asse aus dem Ärmel. „World“, „Words“ und ganz besonders „Lamplights“ machen sich gut so kurz vor Ende der Jugendtanzveranstaltung. Bei den Bee Gees schmelzen alle Mädchen dahin, das weiß Klaus-Dieter aus Erfahrung. Und das bedeutet Erfolg – für die Combo und für die Jungs im Saal.

Tausende Kilometer entfernt versieht Bernd seinen schweren Dienst bei der Fischfangflotte. Jugendtanz? Vielleicht beim nächsten Landgang. Aber das ist noch eine ganze Weile hin. Bernd verscheucht den Gedanken.

Wolfgang und Klaus liegen daheim in ihren Betten. Bis Tanz und Mädchen für sie interessant werden, gehen noch einige, wenige Jahre ins Land. Heimlich drücken sie das kleine Kofferradio ans Ohr, aus dem leise die Stones und Dave Dee kommen.

Vielleicht ist es genauso gewesen, damals Ende der 60er, Anfang der 70er Jahre in der DDR. Sybille und Heidi, Klaus-Dieter und Werner, Bernd, Wolfgang und Klaus kennen sich nicht. Und dennoch haben alle eines gemeinsam: Sie sind „Geboren in den 50ern“.

Sylvia Pommert

Beinahe ein Sonntagskind

Geburten zu Hause werden immer seltener

Schnaufend steigt die betagte Hebamme die engen Treppen nach oben. „Hoffentlich ist es bei Anneliese endlich so weit“, brummelt sie unwillig vor sich hin. Seit gestern hat die junge Frau Wehen. Doch es will und will nicht vorangehen mit der Geburt. „Wenn es nach mir ginge“, murmelt die Hebamme weiter, „würde ich Anneliese ins Krankenhaus schicken.“ Immer mehr Frauen wählen heutzutage den Kreißsaal. Hausgeburten kommen aus der Mode. „Und das ist auch gut so“, schnauft die weißhaarige Frau. „Lange könnte ich diese Knochenarbeit ohnehin nicht mehr machen. Dort im Krankenhaus gibt es genug Weißkittel, die alles besser wissen. Und die Technik wird auch immer moderner.“ Aber als Anneliese mit gerade mal 19 schwanger wurde, hat sie deren Mutter – ihrer Freundin Marga – versprochen, das Kleine, so wie damals auch schon Anneliese, zu Hause auf die Welt zu holen.

Und warum auch nicht. Seit mehr als 30 Jahren macht sie das schließlich. Wie vielen Kindern sie in dieser Zeit auf die Welt geholfen hat, kann sie nicht mehr sagen. Wie viele davon noch leben, auch nicht. Glück und Elend hat sie in dieser Zeit gesehen. Dieser verdammte Krieg! So viele hat er geholt. Die Hebamme schüttelt die trüben Gedanken aus dem Kopf. Fast acht Jahre ist er nun vorbei. Nach Luft ringend bleibt sie auf dem Treppenabsatz stehen. Es ist Sonntagnacht. Um diese Zeit liegen andere schon im Bett, schlafen dem frühen Arbeitstag entgegen.

Über ihr geht die Tür auf. Hektisch rennt Joachim der Hebamme entgegen. „Na, los doch, kommen Sie“, ruft er. „Das Baby ist gleich da.“ Annelieses Stöhnen dringt nach draußen. Dazwischen tönt Margas hysterische Stimme: „Pressen musst du, pressen!“ Energisch schreitet die Hebamme ein. Sie schickt Marga in die Küche, einen Topf Wasser auf dem Gasherd heiß zu machen. Im Schlafzimmer findet sie Anneliese. Eine trübe elektrische Funzel beleuchtet die Szene. Joachim steht unschlüssig herum. **„Bring’ Handtücher und Wasser“**, herrscht sie ihn an. Der große Bruder dreht sich augenblicklich um. Keiner bemerkt seine Blässe. „Hoffentlich ist der Alptraum bald vorbei“, flüstert er und starrt im Hinausgehen den Wecker mit den zwei Glocken auf dem Nachtschrank an. Es geht hart auf Mitternacht.

Kaum ist Joachim in der Küche, ertönt hinter seinem Rücken ein dünnes Schreien. Marga läuft mit dem heißen Wasser in Richtung Schlafzimmer davon. Dann ist nur noch Gemurmel und Gekicher zu hören. Joachim weiß nicht, wie viel Zeit vergangen ist, als er seinen Namen hört. Der Puls rauscht in seinen Ohren, als er ins Schlafzimmer geht. Anneliese liegt ganz still da und lä-

Mama hat große Haarwellen, Papa trägt Uniform – das ist die Welt, in die Babys Anfang der 50er geboren werden.

chelt. Mutter Marga hat ein Bündel mit rotem Kopf und winzigen Fingerchen auf dem Arm. „Das ist Sybille", sagt sie. „Beinahe wäre sie ein Sonntagskind geworden. Aber sie kam fünf Minuten zu spät." „Und das ist die Nachgeburt", tönt die Hebamme und drückt Joachim eine Schüssel in die Hände. „Bring' sie raus!" Joachim starrt irritiert auf das undefinierbare Stück Fleisch vor sich. Das Rauschen in den Ohren wird lauter. Dann kippt er um.

Die ersten Jahre bleibt Sybille Scholz mit ihrer Mutter Anneliese bei Oma Marga wohnen. Großvater ist erst ein Jahr vor ihrer Geburt an Magenkrebs gestorben. Sybilles Vater ist bei der **KVP** (Kasernierte Volkspolizei). Meist schläft er in der Kaserne. Und irgendwann kommt er gar nicht mehr. Die Eltern sind geschieden, noch bevor Sybille darüber nachdenken kann. Onkel Joachim hat Tante Erika kennen gelernt und ist zu ihr gezogen. Bald bekommen die beiden einen Sohn – im Krankenhaus. Onkel Joachim wartet vor dem Kreißsaal und sieht von dieser Geburt gar nichts. Darüber ist er jetzt wirklich froh. Für Marga, Anneliese und Sybille reicht die Zweizimmerwohnung der

Oma aus. Das Haus, in dem sie liegt, ist in den Dreißiger Jahren erbaut und schon ziemlich modern. Das **Klo** ist in der Wohnung. Ein **Bad** allerdings hat die Wohnung noch nicht.

Windeln gibt es auf Zuteilung

Sybille verschläft ihre ersten Wochen in einem Wäschekorb. Aus Korb – und damit totschick – ist auch ihr Kinderwagen. Die Mutter wickelt das Baby mit **Baumwollwindeln**. Zwölf Stück hat sie auf **Zuteilung** bekommen, dazu ebenso viele **Moltontücher.** Die Windeln werden zu einem Dreieck gefaltet, ein Zipfel wird zwischen die Beinchen gezogen, zwei werden um das Bäuchlein geschlungen. Das Moltontuch wird zu einem schmalen Streifen umgeschlagen und kommt ebenfalls zwischen die Beinchen. Darüber zieht Mutter Anneliese ihrem Sprössling ein knisterndes Windelhöschen aus einem Material, das sie **„Bagelit"** nennt. Es soll die Feuchtigkeit im Inneren halten. Der steife, geriffelte Bund mit dem angenähten Gummiband kratzt. Oft hat das Kind rote Streifen an Bauch und Oberschenkeln. Strampler und Hemdchen sind aus Baumwolle und meist weiß. Oma Marga hat winzige Blumen auf die Hemdchen gestickt. Jacke, Schuhe und das spitze Mützchen hat Anneliese gestrickt. Auch später wird sie die Kleidung für ihr kleines Mädchen stricken, häkeln und nähen. Irgendwelche Wolle und halbwegs ansehnlichen Stoff gibt es zu kaufen, hübsche Kindersachen dagegen kaum.

In die Flasche füllt Anneliese **Zwei-Drittel-Milch**, die sie mit **Maizena** oder durchgepresstem **Haferschleim** angedickt hat. Ein langer Gummisauger kommt obendrauf. Ein etwas kürzeres Exemplar mit sprödem Plastikrand bekommt der Säugling zum Nuckeln. Der **Gummiring** und die **Gummi-Ente** sind Sybilles erstes Spielzeug.
Sechs Wochen bleibt Sybille zu Hause. Dann kommt sie in die **Kinderkrippe.** Mutter Anneliese geht wieder als Sekretärin arbeiten. Großmutter Marga hat ohnehin die ganze Zeit schon in drei Schichten in einem Chemiewerk ihr Geld verdient. Abends stellt Anneliese einen großen, grauen Topf auf den Gasherd und kocht Windeln. Bis ins Treppenhaus hinaus riecht es fad. Sind die Windeln abgekühlt, werden sie noch mit **Kernseife** geschrubbt, fest ausgewrungen und aufgehängt. Im Sommer steckt die Mutter sie mit Holzklammern an der Wäscheleine fest, die sie auf dem **Trockenplatz** hinterm Haus zwischen den metallenen Hakenmasten gezogen hat. Im Winter baumeln die Windeln auf dem zugigen Dachboden. Der graue Topf dient im Herbst zum Einkochen.

Training auf der Töpfchenbank

Schon beizeiten geht es in die Kinderkrippe

Morgens um 5.30 Uhr endet die Nacht für Sybille. Das wird auch in den nächsten Jahren so bleiben. Die Mutter muss um sieben Uhr **auf Arbeit** sein, **auch samstags**. Immer geht es hektisch zu. Zum Waschen hat Anneliese Wasser auf dem **Gasherd** gewärmt und in eine tönerne Schüssel gegossen, die auf dem Küchentisch steht. Mit dem Waschlappen reibt sie daneben das nackte Kind ab. So aus dem Schlaf gerissen, schreit es Tag für Tag. Noch

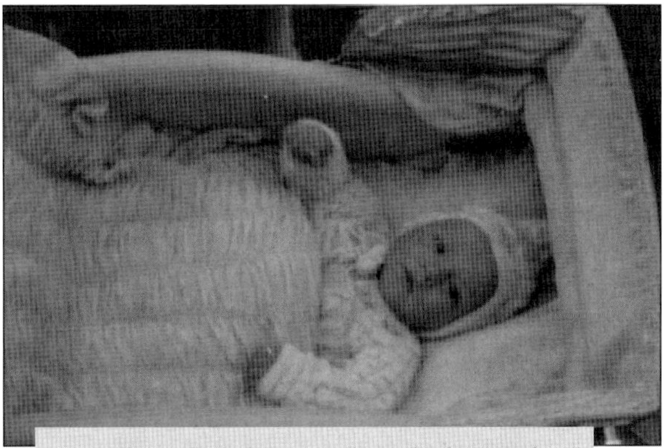

Im selbst gehäkelten Anzug und mit Paradedecke geht es zur Kinderkrippe. Dort wartet wunderschönes Spielzeug auf die Größeren.

schnell windeln und Fläschchen geben – die Griffe sitzen bei Anneliese. Zwischendurch schmiert sie ihre Schnitten für den Arbeitstag. Meist ist so etwas wie Leberwurst drauf. Die **„gute Butter“**, die sie auf **Lebensmittelmarken** bekommt, hebt sie fürs Wochenende auf. Anneliese klappt die Brote zusammen, schneidet von jedem einen dünnen Streifen ab und steckt ihn hastig in den Mund. Das ist ihr Frühstück.

Das Baby kommt in den Kinderwagen. Flach liegt es auf der Matratze, die in ein größeres **Moltontuch** gehüllt ist. Zwischen Köpfchen und Wagenwand stellt Anneliese ein winziges **Paradekissen** mit einem Volant aus Lochstickerei. Zugedeckt wird das Kind mit einem dicken Federkopfkissen. Darüber kommt die **Paradedecke**. Ihr Volant wird sorgsam über den Kinderwagenrand gelegt.

Zum Glück ist die **Krippe** nicht weit und zu Fuß erreichbar. Wie der Kindergarten auch, gehört sie zum Betrieb der Mutter. Im Grunde bestehen beide Einrichtungen nur aus einer **Holzbaracke mit Freigelände.** Innen aber ist alles hell und bunt gestrichen. Das ist gemütlich – wenn auch die Leitungen noch über Putz liegen. Ein großer Raum steht voller **Gitterbettchen**. Im anderen wird gespielt und gegessen. Das Essen für die Größeren kommt aus der **Betriebskantine**: Grießbrei, Milchreis und Milchsuppe – vor allem aber Grützwurst, Erbsbrei, Nudel- oder Graupensuppe. Zahlen müssen die Eltern dafür wenig. So ein **Krippen- oder Kindergartenplatz** kostet zwischen zehn und 20 Mark im Monat.

Schon in den 50er Jahren wurden die Kinder in der Krippe betreut.

Die Erzieherinenn heißen **„Tanten“**. Sie haben großes Interesse an der Entwicklung der Jüngsten. Vor allem wollen sie die lästige Windelei auf ein Minimum reduzieren. Also wird, wer sitzen kann, auf ein **Topfbänkchen** platziert. Das ist eine lange Holzvorrichtung mit eingelassenen **Blechtöpfchen**. Mehrmals am Tag lassen die Kleinen die Prozedur über sich ergehen. Trotzdem gibt es immer wieder feuchte Strumpfhosen. Beim Spielen vergisst man eben fast alles.

Nach dem Holzroller kam der luftbereifte Roller.

Spielen ist herrlich in der Kindereinrichtung. Hier steht alles bereit, was sich die Eltern nicht leisten können: Berge von **Holzbauklötzen**, **Holzautos und -eisenbahnen**, **Puppenwagen** und **Stubenwagen aus Korb**, **Puppen** mit schlenkernden Stoffkörpern und harten Köpfen, braune **Teddys** mit Bäuchen aus Holzwolle, **Holzroller** und sogar **luftbereifte** für die Größeren, **Brummkreise**l und **Blechspieldosen** für die Kleineren. Eine **Puppenstube** mit vier Zimmern, in denen eine **Gummipüppchenfamilie** lebt, steht in der Ecke und ein riesiger **Kaufmannsladen** mit ganz vielen kleinen Schubfächern.

Knirpse führen Programme für die Eltern im Betrieb auf

Die Tage haben ihr festes Programm. Es wird nicht nur gespielt. Sybilles Tanten wollen den Knirpsen auch einiges beibringen. Es wird gemalt, getanzt und musiziert. Die Tanten besorgen **Flöten, Klanghölzer, Trommeln, Triangeln und Schellen.** Ein kleines Orchester entsteht. Unendlich viele **Kinderlieder** lernen die Mädchen und Jungen. „***Meine Blümchen haben Durst“***, ***„Kam ein kleiner Teddybär“***, ***„Erst kommt der Sonnenkäferpapa“***, ***„Wer will fleißige Handwerker seh'n“*** und natürlich solche Klassiker wie ***„Hänschen klein“*** oder ***„Fuchs, du hast die Gans gestohlen“***. Die kann Sybille noch heute von der ersten bis zur letzten Zeile. Regelmäßig werden kleine Programme zusammengestellt, die die Kinder dann im Betrieb aufführen – zum **Frauentag**, zum **Kindertag**, zum **Rentnernachmittag**, zur **Betriebsweihnachtsfeier** oder dem alljährlichen **Betriebsvergnügen**. Auch zum **Tag der Republik** am 7. Oktober. Es gibt unzählige solcher Anlässe.

„Bitte lächeln" – Werners Kindergartengruppe strahlt in die Fotokamera.

Heidi Skotnik, die genauso alt ist wie Sybille, besucht einen **evangelischen Kindergarten**. So etwas ist eher die Ausnahme in dieser Zeit. Doch Heidis Oma, die Christin ist, hat darauf bestanden. Auch Heidi darf dort vor allem spielen, basteln und malen, lernt fließend sprechen und die ersten Zahlen. Doch in der Erziehung liegen die Schwerpunkte ein wenig anders. So legen die Tanten großen Wert auf Höflichkeit und gutes Benehmen. **„Bei Tisch sitzt man gerade. Während des Essens wird nicht gesprochen. Nach dem Essen legt man die Hände neben den Teller auf den Tisch"**, erinnert sich Heidi. Klar müssen die Hände vor dem Essen gewaschen, die Haare gekämmt sein. Kinder grüßen Erwachsene zuerst. Mädchen reichen die Hand und machen einen **Knicks**. Von Jungen erwartet man einen **Diener**. Älteren Menschen lässt man beim Ein- und Aussteigen in Bus und Straßenbahn den Vortritt. Man bietet Älteren und Schwangeren den eigenen Platz an. Die Worte „Bitte" und „Danke" gehören zum stets aktiven Wortschatz. So allerhand fällt der Mittfünfzigerin noch ein, und einige von den alten Regeln wünschte sie sich auch heute.

Weihnachten mit Bedürftigen in der Kirche

Schon beizeiten lernen die Kinder in Heidis Kindergarten, sich um andere zu sorgen. Immer im Herbst sammeln sie zum Beispiel an den Alleen und im Stadtwald säckeweise **Eicheln** und **Kastanien** für die **Zootiere**. Ein anderes Ereignis aber ist Heidi besonders deutlich in Erinnerung: „*Es war kurz vor Weihnachten. Wir haben im Kindergarten einen Handwagen bis obenhin mit Lebensmitteln vollgepackt. Ich weiß nicht mehr, wer das Essen besorgt hatte und woher es kam. Aber in meinen Augen war es ungeheuer viel. Dann zogen und schoben wir den Wagen bis zur Kirche. Dort saßen Menschen, denen man die Bedürftigkeit ansah. Wir bauten unsere Weihnachtsgaben auf und sangen Weihnachtslieder. Den Menschen dort hat das sicher gutgetan.*“

Bestimmt hat Oma Celestine ihre Heidi für diesen besonderen Anlass auch ganz besonders herausgeputzt. Gut denkbar, dass das Mädchen den grasgrünen **Teddymantel** anziehen und die grasgrüne **Teddymütze** mit der Bommel aufsetzen durfte. Beides war irgendwie plüschig. „Der Mantel war unter der Brust weit ausgestellt. Ich muss ausgesehen haben wie eine Tonne“, überlegt Heidi Skotnik rückblickend. Doch Oma war glücklich, dass sie das gute Stück bekommen hatte. Oder besser: Sie war **zur richtigen Zeit am richtigen Ort** – also im **Kinderkaufhaus** – und hat am schnellsten zugegriffen. Kann auch sein, dass sie die Verkäuferin gut kannte. Das lässt sich heute nicht mehr zweifelsfrei klären. Mantel und Mütze jedenfalls gelten eigentlich als **Sonntagsstaat** und werden ansonsten mehr geschont als getragen.

Kleine Mädchen lieben Perlonkleider und Petticoats

Genauso wie das **Perlonkleid** mit dem **Schaumgummi-Petticoat** darunter, das Heidi an Sommersonntagen zusammen mit **schwarzen Lackschuhen und weißen Kniestrümpfen** tragen darf. Mit diesen **Petticoats** ist es übrigens so eine Sache. Sie müssen möglichst weit abstehen. Und dann sollten sie auch noch schön geschwungen sein. Die kleinen Mädchen drehen sich wie wild im Kreis. Das ist wie ein Wettbewerb. Wenn das Kleidchen beim Dreh in weichen Wellen abhebt und der Petticoat zu sehen ist, kann man stolz sein. Bewundert werden vor allem die Mädchen, die einen **Petticaot aus dem Westen** tragen. Solches Unterzeug hat oft **Rüschen oder Schleifchen**. Manchmal ist der Schaumgummikern sogar mit zartem, farbigem Stoff bezogen. **Petticoats aus der DDR** sind leider nur ein Stück Schaumstoff und sonst gar nichts. Kinder mit **Westpetticoats** drehen sich folglich besonders gern.

Doch es kann auch Nachteile haben, wenn so ein Perlonkleidchen übermäßig ausladend ist. Das muss die kleine Sybille bei einem Besuch im Leipziger Zoo erfahren. Das Kleid ist neu. Mutter Anneliese hat es extra aus einem kunterbunten Blumenmusterstoff genäht. Ein breites **Perlonband** ist über die Taille gezogen und im Rücken zu einer **großen Schleife** gebunden. Gleich-

Sonntags wird der Nachwuchs hübsch gemacht. Mädchen tragen ausgestellte Kleidchen, große Jungen schon lange Hosen.

farbige Schleifchen stecken im Haar. Schließlich soll das Kind etwas hermachen, wo doch die weitläufige Verwandtschaft aus der Schweiz zu Besuch ist. Die bedauert ohnehin schon in jedem zweiten Satz „**die armen Menschen in der Ostzone**". Na, egal. Anneliese macht auf selbstbewusst. An den paar Besuchstagen fehlt es an nichts, und wenn sie die Lebensmittelkarten bis zum Letzten strapazieren muss. (Später, als die zarte Sybille an einer schweren Ernährungsstörung erkrankt, werden die Schweizer allerdings Bananen und Vitaminpräparate schicken, die das Kind wieder auf die Beine bringen. Diese Hilfe lässt alle kleinen Zwistigkeiten vergessen.)
Doch zurück zum Zoo. Sybille haben es die Ponys angetan. Sie rupft ein paar Grashalme und streckt sie durch den Zaun. Ein Pony kommt neugierig näher. Nur – das Gras ist ihm schnuppe. Diese wunderbaren Blumen, die sich da durchs Gitter schieben, sehen viel appetitlicher aus. Herzhaft beißt das Vieh ins Perlonkleid und reißt das halbe Vorderteil samt Petticoat weg. Genüsslich zermalmt es den Stoff.

Kurze Hosen auch im Winter

„Ordentlich rausgepellt" wird sonntags auch Werner Wirth, der drei Jahre älter ist als Sybille und Heidi und ein paar Straßen weiter wohnt. Zum obligatorischen **Sonntagnachmittags-Spaziergang** trägt er eine dunkle Hose und ein weißes Hemd. Allerdings sind die Hosen bis zur Einschulung immer kurz. **Lange Wollstrümpfe** sollen winters vor der Kälte schützen. Doch Werner wächst und verwächst alles schnell. „**Am Oberschenkel guckte immer das Nackte raus.**" Dieses Problem hat Bernd Lange, der im gleichen Alter ist, nicht. Zum einen ist er kleiner, und zum anderen holen seine Eltern ohnehin immer erst zu Ostern die **Sonntagssachen** raus. Da ist es warm. **Lange Strümpfe** und diese ewig **kratzenden Strumpfhosen** erübrigen sich. Im Alltag tragen Bernd und Werner Baumwollhosen. Lang sind die und innen angeraut. Winters gibt es steiflederne **Skischuhe**, die über Generationen – mindestens aber von Kind zu Kind – weitergegeben werden. Sie sind so hart, dass es völlig egal ist, wie viele paar Socken man vor dem Reinschlüpfen überzieht (und am **Sockenhalter** festknipst). Die Dinger reiben immer.

Kleine Jungen tragen kurze Hosen, auch beim Fahren mit dem luftbereiften Roller. Das gibt manchmal blutige Knie.

Doch das ist gar nichts gegen die unangenehmen Dinge, die kleine Mädchen bei Kälte unterm Kleid verbergen. Weit entfernt sind sie vom angenehmen Baumwoll- oder Seidenhemd. Winters trägt man **Leibchen**, eine Art **Wolljacke**, mitten auf der Haut. Das kitzelt, juckt und kratzt unaufhörlich. Das Becken umschließt ein steifer, rosafarbener **Strumpfhaltergürtel**, der durch Haken und Ösen geschlossen wird. Unten sind **Wollstrümpfe** mit einer **Metallschlaufe** an einer **Gumminoppe** festgehakt. Fehlt das Gummistück – was schnell passiert – nimmt man hilfsweise einen Pfennig. Wer schon beinlose Schlüpfer tragen darf, hat richtig Glück. Meistens aber bestehen besorgte Mütter und Großmütter auf den **„Pumpern"** mit Beinansatz, weil sie angeblich die Blase warm halten. Dick und rosa sind trotzdem fast alle Exemplare, so als seien sie für die Ewigkeit geschaffen. Im mitteldeutschen Raum redet man in Anlehnung an die ansässigen Chemiegiganten deshalb oft von „**Buna-Schlüpfern mit Leuna-Verstärkung**“.

Eisblumen an den Fenstern

Von Wohnkomfort kann keine Rede sein

Nun ist die mütterliche Sorge um das Wohl der Blase nicht so ganz aus der Luft gegriffen. Kalt und zugig ist es schnell mal. Da muss der Nachwuchs nicht unbedingt aus dem Haus gehen. Die Wohnverhältnisse in dieser Zeit sind alles andere als kuschelig. Werner zum Beispiel wohnt mit seinen Eltern im **Altbau**. Mögen die Wohnungen viele Jahrzehnte zuvor auch als herrschaftlich gegolten haben – zu spüren ist davon so gut wie nichts mehr. Zwei Familien teilen sich die Zimmerflucht. Werners Eltern haben die in der ersten Hälfte des Flures, der sich wie ein Schlauch über die Etage zieht. (Eine herrliche Piste zum **Rollern, Dreiradfahren und Haschespielen**.) In der Mitte geht die Küche der Wirtz’ ab. Von dort gelangt man ins Schlafzimmer und von dort wiederum in die **gute Stube**. Die ist mit ihren 46 Quadratmetern zwar der größte Raum. Sie hat eine Vitrine, einen großen Tisch mit Stühlen und sogar einen Teppich. Doch die Stube wird kaum genutzt. Höchstens mal zu Weihnachten, dann wird auch der **Ofen** für einen Husch Wärme kurz angeheizt. Ansonsten bleibt er kalt. Es ist dunkel in dem Eckraum. Weil es kein Glas gibt, hat man zwei der vier Fenster einfach zugemauert.

Ein heißer Schamottestein sorgt für Wärme im Bett

Auch das Schlafzimmer mit den Ehebetten und Werners Schlafstätte, die quer davor steht, ist nur selten auf Wohlfühltemperatur. Es muss schon bitterkalt sein, wenn das Öfchen in der Ecke ausnahmsweise in Betrieb geht. Bei Bernd Lange indes gibt es auch diese Ausnahmen nicht. Abends freuen sich die Kinder auf den **warmen Schamottestein**, den die Mutter – in ein Tuch gewickelt – ins Bett legt. Freilich hatte sie es auch mal mit einer dieser **blechernen Wärmflaschen** versucht. Doch die ist im Laufe der Nacht einfach eingefroren und kaputtgegangen.

Gegen übergroße Kälte sollen **Federbetten** helfen. Oft sind sie feucht, denn Feuchtigkeit zieht durchs Mauerwerk. Die Federn klumpen und rutschen im Laufe der Nacht entweder nach ganz oben oder ganz unten. Und es kann schon mal passieren, dass sie am Bettgiebel festfrieren.

Manchmal wird auch das Baby im Ausguss in der Küche gebadet.

Werners tägliches Leben spielt sich in der Küche ab. Wenn es kalt ist, sind hier morgens die Fenster zugefroren. „***Wir rieben Löcher rein und schauten zu, wie sie wieder mit Eisblumen zufroren***", erzählt er. Der Küchenherd wird mit Kohle betrieben und sorgt für herrliche Wärme im Raum. Allerdings muss das Feuerchen auch entfacht werden, wenn Mutter Wirtz im Sommer einen **Sonntagskuchen** backen will. Alles Gute ist eben nie beisammen. Zwischen Feuerloch und Backofenöffnung steckt ein Wasserbehälter. Den kann man bei Bedarf rausnehmen. Das Wasser darin ist immer warm. Abgewaschen wird am Küchentisch. Der hat eine ausziehbare Platte mit zwei eingelassenen **Emailleschüsseln**. Das schmutzige Wasser wird in den **gusseisernen Ausguss** geschüttet, der aus der Wand ragt.

Außentoiletten, Nachttöpfe und ein kleines Geheimnis

Mit den Toiletten ist es so eine Sache. Selten sind sie in der Wohnung, und heizbar sind sie ohnehin auf keinen Fall. In Wirtz' Altbau ist der Komfort von der Treppenhausseite abhängig. Die Nutzer der rechten Wohnungen müssen eine halbe Treppe tiefer, die der linken haben den **Abort drinnen**. Wirtz' wohnen links, ihr Klo ist also inklusive und steht beiden Familien der Teilwohnung zu. Und es hat ein delikates Geheimnis. Keiner weiß, was sich der Architekt dabei dachte, als er das Innenörtchen mit einem Innenfenster versah. Von ihm kann man genau in die Toilette hineinschauen, die auf halber Treppe darunter liegt.

Ein halber Ausflug wäre nötig gewesen, um den Abort von Oma Celestine zu erreichen. Er ist am Ende eines langen, fensterlosen Flures, der sich durch das alte Haus unterhalb von Omas Wohnung zieht. Heidi Skotnik graust vor diesem Weg. Und nachts ist sie überhaupt nicht bereit, das unheimliche Örtchen aufzusuchen. Aber es gibt einen Ausweg. Oma hat einen **Nachttopf unterm Bett**. Und sie ist großzügig. Die ganze Familie darf bei Dunkelheit das weiße **Emaillegeschirr** nutzen.

Unterm Dach wohnen Kühners. Sommers hängt Mutter die Fenster aus.

Vielleicht wäre das auch ein Ausweg für Familie Kühner gewesen. Die alleinstehende Mutter und Sohn Klaus-Dieter bewohnen eine Mansardenwohnung in der Nähe. Die ist nachträglich unters Dach gebaut worden und sommers so warm, dass Frau Kühner zwischen Mai und Oktober prinzipiell die Fenster aushängt. Beim hastigen Wohnungsausbau hat man dann wohl auch den **Abort vergessen**. Mutter Kühner ist das anfangs gleich. Sie kommt aus dem Sudetenland und ist froh, eine Bleibe in der gleichen Stadt und sogar im gleichen

Viertel gefunden zu haben, in dem auch die Großmutter wohnt. Beim Einzug erhalten die Kühners einen Schlüssel mehr. Der passt zur Wohnungstür eine Etage tiefer. Auf deren Innentoilette sollen der kleine Klaus-Dieter und seine Mama also austreten gehen. Logisch, dass das nicht lange gut geht. Wer will schon ständig Pipi-Besuch in den eigenen vier Wänden haben. Es gibt alle nasenlang Zoff, eine Lösung aber gibt es nicht.

Mit dem Handwagen zum Kohlehändler

Geheizt wird mit Kohle. Die kostet, und bei Langes ist Geld ständig knapp. Also ziehen Vater und Sohn immer dann zum **Kohlehändler**, wenn das Brennmaterial ausgeht und sich hoffentlich parallel ein paar Pfennige im Geldbeutel angesammelt haben. „***So alle zwei Wochen borgten wir uns einen Handwagen für 50 Pfennig und zogen los***“, erinnert sich Bernd. „***Ein, zwei Zentner passten auf die Karre. So um 3,50 Mark kostete der Zentner. Mehr konnten wir nie ausgeben.***“

Freilich kann man **Kohle** auch bestellen und anliefern lassen. Dann kommt ein Laster und schüttet einen staubenden **Haufen** vor die **Kellerfenster** auf den **Bürgersteig**. Wer es sich leisten kann, bestellt die **Kohleträger** gleich mit. Die wuchten ihre großen **Körbe** mit **Eier-, Bäcker- oder Normalbriketts** auf den Rücken (den sie zuvor mit einem alten Leder- oder Sacktuch schützen) und tragen sie in die Keller. Man muss anschließend nur noch Flur und Treppe wischen, wo sich Krümel aus dem Körben gesammelt haben – nicht zu knapp übrigens, denn vor allem **Braunkohle** zerlegt sich in diesen Zeiten überaus gern. Die meisten aber verzichten auf Kohleträger ganz. Auch Familie Wirtz macht das, aber es hat andere Gründe. Gleich neben dem Hauseingang ist ein Textilladen. Da macht sich Kohlestaub – in welcher Form auch immer – überhaupt nicht gut. Also zerren Werner und der Vater **Handwagen für Handwagen** die Kohle vom Händler ran, füllen sie in **Emaille-Eimer** um und bringen sie in den Keller. Das dauert ewig, ist aber eine saubere Sache und vor allem den gutnachbarschaftlichen Beziehungen zuträglich. Man muss schließlich immer damit rechnen, dass die Textiltante mal etwas „reinbekommt“, was man gebrauchen kann.

Samstags wird gebadet

Sauber sein ist oft ganz schön harte Arbeit

Zum zweiten Mal wummert es an die Tür – jetzt entschieden lauter als vor fünf Minuten. „Kommen Sie raus“, ruft eine zornige Stimme. „Sie sind hier nicht die Einzigen.“ Wahrhaftig, die Einzigen waren Sybille und ih-

*re Mutter tatsächlich nicht. Draußen vor dem **Wannenbad** sitzen die Wartenden auf langen Bänken. Hastig zieht Anneliese Scholz den Stöpsel und greift nach dem Handtuch. „Dass die Zeit nur immer so schnell vergeht.“ Die Luft im grau-kahlen Baderaum ist feucht, die Kleidung ist es auch. Das **Leibchen** klebt auf der Haut. Die **langen Wollstrümpfe** lassen sich nur mit Mühe bis zum **Strumpfhaltergürtel** hochziehen. Sie **kratzen**, und Sybille mault. „Sei still“, sagt die Mutter hektisch. Und es klopft schon wieder. „Nun machen Sie aber mal hin“, poltert es. Durchgeschwitzt reißt Frau Scholz die Tür auf.*

Für eine halbe Stunde kann man sich im **Hallenbad** eine **Wanne** samt **Fichtennadel-Schaumtablette** mieten. Gleich mehrere **Wannenbad-Kabinen** gibt es neben dem Eingang. Und alle sind belegt. Wasser rein, ausziehen, baden, abtrocknen, anziehen, Wasser raus und der Putzfrau noch Zeit lassen zum Schrubben, bevor der Nächste kommt – mit einem Badevergnügen hat das wohl nichts zu tun. Doch die Begriffe „Baden“ und „Vergnügen“ werden in den 50ern ohnehin nicht in einem Atemzug genannt.
Gebadet wird meistens samstags. Nicht alle Familien nehmen diese Anstrengung auf sich. Durchaus gebräuchlich ist in diesen Zeiten auch der Satz: **„He, guck' mal, die baden jede Woche. Das müssen ja Dreckschweine sein.“** Nun, die Familien Wirtz und Kühner müssen dazugehört haben.

Eine Wannenfüllung reicht für die ganze Familie

Kühners **Zinkbadewanne** harrt wochentags auf dem Flur aus, bis sie am Wochenende ihren großen Auftritt hat. Wirtz' 1,80 m großes und geschwungenes Bademöbel wird vom Dachboden in die Küche gewuchtet. Ziemlich schnell bleibt die Aufgabe an Werner hängen. Denn sein Vater ist nur mit ei-

Samstags war Badetag – erst die Kinder, dann die Eltern.

nem Bein aus dem Krieg zurückgekehrt, und solche Schlepperei ist zu beschwerlich. Wasser macht die Mutter im **Windeltopf** heiß. Vereint gießt man es in die Wanne. Zuerst steigen die beiden Söhne in die Fluten. Sind sie allzu schmutzig, schrubbt die Mutter sie erst mal mit kaltem Wasser ab – so eine Art Vorwäsche also. Im Sommer ist das fast immer nötig. Zu viel Dreck in der Wanne kann man sich nicht leisten, schließlich wollen Mutter und Vater **dasselbe Wasser** anschließend auch noch nutzen und möglichst sauber werden. Gewechselt wird das Nass also nicht, wohl aber warmes nachgegossen. Das kommt aus dem Behälter am **Küchenherd**.

„Nach einer Dreiviertelstunde war die Prozedur beendet", schätzt Werner Wirtz. ***„Wir schöpften die Wanne alle zusammen aus. Vater und ich hoben sie dann an und schütteten den Rest in den Ausguss. Anschließend trug ich das schwere Ding wieder nach oben."***

Waschkessel, Waschbrett und Wäschemangel

Nicht ganz so ausladend sind die Zinkwannen, in denen gewöhnlich die **Wäsche gerubbelt** wird. Für kleine Kinder dienen sie anfangs noch als Bade-

Erst wird die große Wäsche mit dem Rubbelbrett bearbeitet, dann kommt sie auf die Leine im Hof.

wanne. Doch das erledigt sich ob der Ausmaße ganz schnell. So ein Waschtag muss lange geplant werden. In vielen Wohngebäuden gibt es extra ein **Waschhaus im Keller**. Jedes Wochenende steht es einer anderen Familie zur Verfügung. „Wir hatten alle vier, fünf Wochen **Waschhaustag**“, erinnert sich Heidi Skotnik. Dieser zeitliche Abstand ist schon in Ordnung. Man wechselt die Kleidung nicht täglich, so wie heute. Ein Kleidungsstück für eine Woche – das ist ein gängiges Maß. Mehr hätte der Kleiderschrank ohnenhin nicht hergegeben. Man trägt Schürzen zum Schutz vor Schmutz. Und so sind die Wäscheberge gut zu bewältigen.

Am Abend vor dem Waschtag wandert die Wäsche in den großen **Waschkessel**. Sie wird in **„Gemol“** eingeweicht und bleibt erst mal über Nacht stehen. Gleich am nächsten Morgen macht Oma Celestine ein Feuerchen unter dem Kessel. Bald ist das Waschhaus in Wasserdampf gehüllt. Heidis Großmutter rührt mit einem riesigen **Holzlöffel** im Kessel. Dann stellt sie die kleine **Zinkwanne** auf einen Bock, platziert das **Waschbrett** darin, legt **Bürste** und **Kernseife** zurecht und beginnt, Wäschestück für Wäschestück aus dem Kessel zu angeln. Das meiste erwischt sie mit dem Holzlöffel. Manchmal nimmt sie auch die **Wäschezange** zu Hilfe – aus heutiger Sicht könnte man das Ding als hölzerne Riesenpinzette bezeichnen. Oma rubbelt alles – vom Hemd bis zum **Baumwolltaschentuch** – übers Waschbrett, schäumt es mit Kernseife ein und bearbeitet hartnäckige Flecken mit der **harten Waschbürste**. Es gibt eine Menge hartnäckiger Flecken.

Im Kupferkessel wurde die weiße Wäsche gekocht. Bei den meisten Familien war einmal im Monat „große Wäsche“.

Neben Oma Celestines **Waschzuber** steht eine **doppelte Rolle**. Dort dreht sie die Wäsche durch. Die Rolle drückt Wasser und Seife raus. Ist alles sauber, wird die Wäsche dreimal **gespült** und anschließend **gestärkt**. Dann kommt sie auf die **Leine**. Die hängt im Hof, auf dem Dachboden – oder wenn beides nicht möglich ist – quer über den Wohnungsflur. Nach ein paar Tagen darf Heidi bügeln. Das macht sie gern. Anfangs muss sie das **Bügeleisen** noch auf den Ofen stellen, damit es heiß wird. Bettwäsche und Handtücher tragen Heidi und Oma **im Waschkorb zur Heißmangel**. Dort können sie die Stücke durch große, heiße Rollen drehen und glätten. Wer die Möglichkeit hat, legt weiße Wäsche zuvor zum **Bleichen** in die Sonne. Mit Wonne erinnert sich Heidi noch heute an das Gefühl, das sie als Kind in einem frisch bezogenen Bett hatte. ***„Die steife, weiße Bettwäsche knisterte. Und alles roch so wunderbar nach Sauberkeit.“***

Die Sonntage gehören ganz der Familie

Leichter Luxus auf Lebensmittelkarte

Frisch gebadet schläft es sich dann noch einmal so gut in den Sonntag. Der gehört ganz der Familie. Arbeiten, die Wohnung putzen, Wäsche waschen – das alles ist bis zum Samstagabend erledigt. Der Sonntag ist etwas ganz Besonderes. Wann sonst darf Sybille schon bis acht Uhr schlafen. Am Tag zuvor war sie mit der Mutter einkaufen. Beim **Milchmann** haben sie in der grauen

Erst 1958 wurden die Lebensmittelkarten offiziell abgeschafft.

Aluminiumkanne Milch geholt, haben sich ein Stück **Butter vom großen Block** abschneiden lassen und sechs Eier mitgenommen. Die wickelt der Verkäufer Stück für Stück in Zeitungspapier, bis am Ende eine lange Wurst rauskommt.
Anneliese hat **Lebensmittelmarken** abgegeben. Die reichen auch noch für hundert Gramm Fleischsalat, den es beim Fleischer nebenan gibt. Über Nacht lagert das Essen im **Eisschrank** auf dem Flur. Das Schränkchen hat unten einen Behälter, in den Eisstücke gelegt werden. Der **Eismann** kommt wochentags mit dem **Pferdefuhrwerk** die Straße rauf. Seine Bimmel hört man schon von weitem. Wer frisches Eis braucht, läuft hin und lässt sich von den großen Eisblöcken ein paar Stücke abschlagen.

Muckefuck statt Bohnenkaffee

Zucker und Mehl hat Anneliese schon in der Woche geholt. Auf dem Sonntagsfrühstückstisch dampfen vier Teller **Milchsuppe** mit je einem frischen Eigelb und einem winzigen Kleckschen Butter in der Mitte. „Das macht stark", sagt Oma Marga, während sie ihr Eigelb unterrührt. Das Eiweiß wird sie mittags mit dem Handschneebesen aufschlagen und unter den Schokoladenpudding rühren, den sie aus Puddingpulver kocht. Sybille bekommt Milch in ihre Tasse, die Erwachsenen trinken **Muckefuck** zum Frühstück. Bohnenkaffee gibt es selten und wenn, dann genießt man ihn schlückchenweise.

In der grauen Literkanne wird Milch geholt. An Muckefuck-Kannen klemmen Tropfenfänger mit Püppchen.

Oma Marga fährt manchmal nach Westberlin und bringt ein Tütchen von dem bitteren Zeug mit. Es riecht wirklich gut, wenn sie die schwarzen Bohnen mit der Hand in der **Kaffeemühle** mahlt. Deshalb hat die kleine Sybille auch mal ein Schlückchen gekostet. Doch sie fand den Kaffee grässlich. Muckefuck dagegen ist ihr vertraut. Er steht ohnehin die ganze Woche über in der grau gesprenkelten **Kanne auf dem Küchenherd**. Damit es beim Eingießen nicht tropft, hat Oma Marga einen **Tropfenfänger** aus Schaumgummi mit einem Püppchen aufgesteckt.

Volles Kino beim „Singenden, klingenden Bäumchen"

Der neue Opa, der vor einem Jahr eingezogen ist, gießt den Muckefuck in einen Teller, brockt helles Brot rein und streut Zucker darüber. Das löffelt er dann genüsslich. Gut gestärkt startet er mit der neuen Enkelin ins Kino. Das ist ein großes Vergnügen am Sonntagvormittag. Jeder der hölzernen Klappstühle im Saal ist besetzt. 20 Pfennig kostet eine Eintrittskarte für Kinder, 50 Pfennig für Erwachsene. Vor dem Märchenfilm läuft der **„Augenzeuge"**. Der bringt Kurznachrichten aus aller Welt – gut propagandistisch, versteht sich. Dann aber flimmern die wunderbaren, bunten Bilder über die Leinwand: **„Das kalte Herz"**, **„Das tapfere Schneiderlein"**, **„Der kleine Muck"**, **„Das singende, klingende Bäumchen"** und jede Menge russischer Märchenfilme stehen auf dem Kinoprogramm. **„Die feuerrote Blume"**, **„Die verzauberte Marie"**, **„Feuer, Wasser und Posaunen"** oder **„Das fliegende Schiff"** haben später auch noch die Kinder von Sybille und Heidi begeistert.

Das Kino gehört auch für die Erwachsenen ganz klar zu den beliebtesten Freizeitvergnügungen. **DEFA-Filme**, die in dieser Zeit produziert werden, haben einen guten Ruf. **„Die Mörder sind unter uns"** mit **Hildegard Knef**, **„Der Untertan"** nach **Heinrich Mann** und **„Vergesst mir meine Traudel nicht"**

Filme wie „Das singende, klingende Bäumchen" oder „Vergesst mir meine Traudel nicht" sind Kassenknüller.

mit **Eva-Maria Hagen** sind das, was man heute „Kassenknüller" nennt. Doch auch die beiden Thälmann-Fime **„Sohn seiner Klasse"** und **„Führer seiner Klasse"** mit **Günter Simon** laufen bestens.

Freibankbraten, Pferdegulasch und Kaldaunen

Nach dem Sonntagsfilm dampft das Essen auf dem Tisch. Meist gibt es **Kartoffeln**, die Oma Marga auf den Äckern am Stadtrand **gestoppelt** hat. Richtige Schnitzel sind eher selten. Trotzdem fehlt der Braten nicht. Oma Marga holt öfter **Freibankfleisch** aus dem **Schlachthof**. Das ist – weil angeblich nicht ordentlich veterinärmedizinisch untersucht – billig, immer verfügbar und vor allem **ohne Lebensmittelmarken** zu haben. Marga nimmt auch Markknochen mit. Ausgekocht und mit ein paar Fadennudeln geben sie eine leckere Vorsuppe. Kühners machen das genauso. Klaus-Dieter begleitet seine Mutter oft zum Schlachthof. Er weiß, dass sie wieder **Kaldaunen** holen wird, die sie dann brät. Er hasst das Zeug. Doch der Weg zum Schlachthof führt über eine breite Eisenbahnbrücke. Darunter rangieren eine Menge Züge. Klaus-Dieter, der nie die ersehnte Eisenbahnanlage besitzen wird, könnte hier stundenlang stehen und zuschauen. Da werden selbst Kaldaunen unwichtig.

Heidi Skotniks Oma hingegen steht auf **Pferdefleisch**. Das gibt es auch immer. Schließlich gehören Rösser noch zum Alltag. Moderne Traktoren und Mähdrescher sind noch nicht in Sicht. Städtern begegnen die kräftigen Vierbeiner vor allem als **Brauereipferde**. Heidi also holt sonntags die **Literkanne Pferdegulasch** für zwei Mark beim Rossschlächter, der auch eine Gaststätte führt.

Erst „fein gemacht" und dann ins Ausflugslokal

Am Sonntagnachmittag ergießt sich das Familienleben ins Grüne. Der **Sonntagsspaziergang** ist ein Ritual. Man macht sich fein. Anneliese dreht Sybille einen **Hahnenkamm**.

Klaus-Dieters Locken soll ein akkurater Seitenscheitel samt Klemme bändigen. Dann schlendert man los: Sybille schiebt ihren **Puppenwagen** mit **Zelluloid-Puppenbaby Daisy** durch den Stadtwald, den Zoo oder durch Innenstadtstraßen an Schaufenstern vorbei. **Ausflugslokale** (heute würde man Biergärten sagen) sind proppevoll. Es gibt **Waldmeisterbrause** und **Streuselkuchen, Kartoffelsalat und Bockwurst**. Und für **Zuckermarken** gibt es sogar **Eisbecher** mit Papierschirmchen drauf.
Meist spielt eine **Kapelle zum Tanz** auf. Auf der Tanzfläche dreht sich alles – vom Opa bis zum Kleinkind – nach „Westhits" wie **„Marina, Marina, Marina"**, **„Ramona, zum Abschied sag' ich dir goodbye"**, oder nach den **Capri-Fischern**. Geliebt werden aber auch DDR-Schlagerstars wie **Julia Axen, Bärbel Wachholz, Helga Brauer, Fred Frohberg** oder **Günter Geißler**.

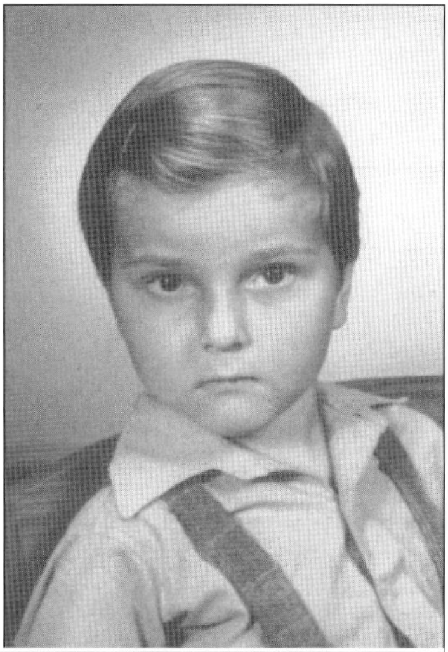

Mit einer Klemme wird Klaus-Dieters Haar gebändigt. Dann darf er auf den Rummel. Sybille geht mit Mutti zum Zirkus.

Woche beginnt mit Fahnenappell und Ranzenkontrolle

Pfiffikus schickt Kinder in den Tag

So klang es aus dem Radio: *„Fünf vor sieben, Augen reiben! Nicht mehr länger liegen bleiben, weil der junge Morgen keine Trauerklöße mag! Pfiffikus ist auf der Stelle von uns'rer Kinderradio-Welle. Wünscht euch al-*

len einen guten neuen Tag. “ Wenn dieses Lied ertönt, hockt sich Sybille kurz vor das große, beigebraune Standradio. „**Pfiffikus**“, die hellwache Figur von Radio DDR, hat immer eine lustige und selbstverständlich pädagogisch wertvolle Geschichte parat. Sie ist kurz, denn um sieben kommen die Nachrichten für Erwachsene. Ein „Morgenlied“ beschließt die Kindersendung. Sybille hört am liebsten das vom Fahrrad. „***Klingklingelingeling, da kommt mein Drahtesel, Drahtesel!***“ trällert sie vor sich hin, als sie noch mal den Ranzen kontrolliert. Die Mutter und der neue Vater sind längst auf Arbeit. Also gut: Lesebuch, Tagebuch und das kleine graugrüne Schreibheft mit den großen Zeilen sind in der dunkelbraunen Ledermappe, die nur ein Fach hat, dafür aber eine große Klappe mit zwei Schnappverschlüssen. Auch die Federmappe ist aufgeräumt. Bleistifte und Buntstifte sind gespitzt. In den **Pionier-Füllfederhalter**, den sie erst seit kurzem benutzen darf, hat Sybille am Wochenende frische **Tinte** aus dem **Tintenglas** gezogen. Alles sollte akkurat sein, denn montags macht die Klassenlehrerin immer eine **Ranzenkontrolle**.

Hefte und Stifte sind noch gar nicht so lange selbstverständlich. Bernd Lange, der drei Jahre älter ist als Sybille, ist in seinen ersten Schulmonaten noch mit **Schiefertafel und Griffeln** losgezogen.

Mit der Zuckertüte beginnt für Sybille der Ernst des Lebens. Da ist Werner schon ein paar Jahre in der Schule.

Es wird höchste Zeit. Die Siebenjährige schultert die Mappe und hängt sich die dunkelbraune, lederne **Brottasche** um den Hals. Mutter Anneliese hat zwei in Butterbrotpapier gewickelte Schnitten hineingelegt, die Sybille in der ersten großen Pause auf dem Schulhof essen soll. Es ist dunkel draußen. Die **Gaslaternen** brennen noch. Der **Laternenmann** wird sie erst ausknipsen, wenn es dämmert. Seit dem ersten September 1960 geht Sybille in die Schule. Kurz zuvor ist die Familie zur Miete in ein kleines Haus am Stadtrand gezogen. Es hat zwei Zimmer und eine Küche, ein **Plumpsklo** übern Hof und eine **Schwengelpumpe** im Keller. Sybille kommt schon ganz gut allein zurecht. Einen Urlaubstag hat die Mutter am Anfang genommen und das Kind in die Schule begleitet. Mehr kann sie sich nicht leisten. Sie bekommt nur **zwei Wochen Urlaub** im Jahr. Und den hat sie anders verplant.

Sybille ist ein Schlüsselkind

Sybille ist – wie die meisten ihrer Klassenkameraden – ein **Schlüsselkind**. Morgens ist sie die Letzte, die aus dem Haus geht und am Nachmittag die Erste, die zurückkommt. Den Schlüssel trägt Sybille wie eine Kette um den Hals. Unter dem Pullover sieht man ihn nicht.
Genau zehn Minuten nach halb acht klingelt es gewöhnlich zur ersten Stunde. Montags aber ist **Fahnenappell**. Da sollte man eine Viertelstunde eher auf dem Schulhof sein. Seit dem **Pioniergeburtstag** am 13. Dezember gehört Sybille zu den **Jungpionieren**. Zum Fahnenappell trägt sie deshalb ein **blaues Halstuch**, das sie mit einem **Pionierknoten** gebunden hat. In der vierten Klasse wird sie **Thälmannpionier** werden. Die haben später **rote Halstü-**

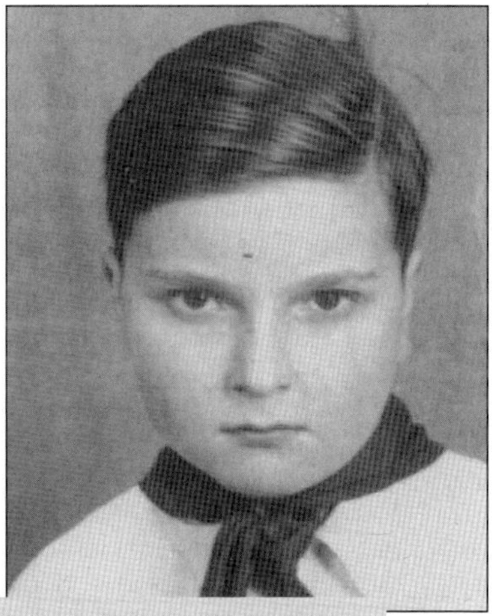

Stolz hält Pionier Uwe die Fahne. Pionier Klaus-Dieter allerdings muss den Pionierknoten noch üben.

cher. Die **Pionierkleidung**, bestehend aus **weißer Bluse/Hemd** und **blauem Faltenrock/kurzer Hose**, bleibt für besondere Anlässe.

Die **Gruppenratsvorsitzenden** lassen ihre **Klassen zum Appell** antreten. Alle stehen gerade an einer gedachten Linie. Insgesamt ergibt die Formation ein Quadrat, an dessen offener Seite der Fahnenmast aus dem Boden ragt. Am Mast stehen die **Freundschaftspionierleiterin** mit einem fröhlichen Lächeln um die Mundwinkel und der **Schuldirektor** mit ganz wichtiger Miene. „**Klasse 1a, richt' euch**", ruft Rainer, der Gruppenratsvorsitzende, und schaut streng auf seine Mitschüler. Als alle ordentlich stehen, läuft er zum Freundschaftspionierleiter und meldet: „**Klasse 1a zum Fahnenappell angetreten**." Dabei hält er seine rechte Hand zum **Pioniergruß** wie einen Hahnenkamm auf dem Kopf. Sind alle Klassen „angetreten", zieht der Freundschaftspionierleiter den **Pionierwimpel** auf. Jetzt machen alle den Pioniergruß.
Dann gibt es die neuesten Informationen: Ergebnisse bei der Altstoffsammlung, öffentliches Lob für besonders gute Leistungen in der Schule, aber auch öffentlicher Tadel – für schlechtes Benehmen. Wer den Unterricht stört oder in der Pause rauft, läuft leicht Gefahr, montagmorgens vor der gesamten Schülerschaft gescholten zu werden. Das ist höchst peinlich, geht aber auch vorbei, denn: „**Zum Unterricht weggetreten**", heißt es nach spätestens einer Viertelstunde, und dann laufen alle wieder laut schwatzend davon. Allerdings kommen sie nicht weit. Denn auch vor Betreten des Schulhauses heißt es erneut: **„Antreten, und zwar paarweise!"** Die Kleinen fassen sich noch bei den Händen, bevor sie zusammen den Klassenraum betreten.

Dieses Mal macht Rainer der Lehrerin Meldung: „**Klasse 1a zum Unterricht bereit.**" **„Seid bereit!"**, ruft die nun in die Klasse. Und **„Immer bereit"** antworten die Kinder – freilich nicht ohne die rechte Hand auf den Kopf zu nehmen. „**Setzen!**", sagt sie, und endlich kann auch der Unterricht losgehen.

Fünf Pfennig Strafe für säumige Beitragszahler

Heidi Skotnik darf auch beim **Gruppenrat** mitmischen. Ihre Mitschüler haben sie da reingewählt. Sie ist für die Kassierung der **Pionierbeiträge** zuständig. Zehn Pfennig bezahlen die Jungpioniere monatlich. Geschäftstüchtig sorgt Heidi dafür, dass sie niemand schuldig bleibt. „Wer das Geld vergessen hat, muss am nächsten Tag fünf Pfennig mehr zahlen." Das ist enorm viel Geld, wo man doch höchstens 50 Pfennig Taschengeld in der Woche bekommt. Und die kann man schließlich gut anders verwenden.

Seit etwa zwei Jahren gibt es keine Lebensmittelmarken mehr. Alle Leckereien sind frei. Das Stück Kuchen verkauft der Bäcker für zehn bis 20 Pfennig. Der **Dreifarbenlutscher** oder die **Waldmeisterbrause** in der Flasche mit **Bügelverschluss** kosten im Konsum und bei der **HO** (Handelsorganisation) zehn Pfennig. Ebenso viel will der Eismann für die **Kugel Vanille-Wassereis.** Den einfachen **Lutscher** kann man im **Krämerladen** an der Ecke mit seinen hundert über die Wand verteilten Holzfächern schon für fünf Pfennig haben. Wahlweise dürfen sich die Mädchen und Jungen für den gleichen Preis fünf **Himbeerbonbons** aus dem bauchigen Glas auf der Theke nehmen.

Halstuch und Ausweise gehören zur Ausstattung eines Pioniers. Abzeichen gibt es für gutes Verhalten. Wer winters rodelt, bekommt den Schneemann.

Fünf Pfennig also sind ein Schatz, den verschwendet man nicht. Und weil Heidis Kassierung ohne Probleme läuft, darf sie gleich noch das Geld für die **„ABC-Zeitung“** und später die **„Trommel“**, die **Pflichtlektüre aller Pioniere**, eintreiben. Beliebter bei den Steppkes sind allerdings **„Atze“** oder **„Frösi“**. Die werden zumeist von den Eltern abonniert. Kleineren Geschwistern wird der **„Bummi“** vorgelesen. Zu Heidis Ehrenrettung sei gesagt, dass sie die fünf Pfennige „Verzugszinsen“ nie selbst einsteckte. Die spendet sie für die Klassenkasse. Da ist dann schon mal ein Zoo- oder ein Kinobesuch für alle drin. Oder die **Pionierleiterin** kauft Bastelmaterial. Das alles ist viel interessanter als die üblichen **Pioniernachmittage am Mittwoch**, bei denen es zum Beispiel um die **„Gebote der Jungpioniere“** geht. Die übrigens stehen auf der letzten Seite des **Pionierausweises** und handeln meistens von Liebe. ***„Wir Jungpioniere lieben unsere Deutsche Demokratische Republik (...) lieben unsere Eltern (...) lieben den Frieden...*** *"*

So ein Pionier ist stets auf Achse

... selbstverständlich auch einander sowie (fast) alle Mitmenschen (außer dem Klassenfeind natürlich). So ein Pionier ist praktisch ständig auf Achse oder sonstwie eingespannnt, frei nach der Pionierhymne: ***„Fröhlich sein und singen, stolz das blaue Halstuch tragen, ander'n Freude bringen – das geloben wir!"*** Sybille wird, kaum dass sie die ersten Einsen bekam, Chefin einer Lerngruppe. Die ganze Klasse besteht bald aus solchen Gruppen. Ihre Mission: Gute Schüler helfen schlechteren bei den Hausaufgaben und beim Lernen selbst. Es gibt wirklich Spannenderes. Altstoffe sammeln zum Beispiel. Mit **Omas Handwagen** im Schlepptau ziehen die Kinder von Haus zu Haus und holen Papierbündel, Gläser und Flaschen ab. Bis zur Wende wird das so gehen. Angesichts der wenigen Pfennige, die der **Sero-Altstoffhandel** (Sero – Sekundärrohstoffe) für Gesammeltes zahlt, stapeln die meisten Familien das Zeug einfach im Keller. Der nächste Pioniertrupp kommt bestimmt. Anteilig landet der Erlös – in der Klassenkasse.

Und nun noch zu den **Timurtrupps**. Die sind in den 60ern ganz groß im Kommen. Die Handlungsanleitung findet sich im Buch **„Timur und sein Trupp"** des sowjetischen Schriftstellers **Arkadi Gaidar**. Und da helfen die guten Kinder all jenen, die sich nicht selbst helfen können. Also gehen auch die Pioniere **einkaufen für die Omi um die Ecke, schleppen Kohlen in die Wohnung** unterm Dach und **gehen mit Hundi Gassi**. Alles für ein Lächeln, versteht sich. **Ein Timur nimmt kein Geld** – höchstens mal einen Bonbon.

Die Älteren dürfen schon richtig arbeiten. 13, 14 Jahre alt ist Werner Wirtz, als seine Klasse in den **Herbstferien zum Kartoffellesen** ins mecklenburgische Rom fährt. „Wir schliefen auf Strohsäcken in der Scheune. Die Bauern mästeten uns." Morgens wurden die Kartoffeln maschinell aus dem Boden geholt, und die Kinder sammelten sie Furche für Furche in Körbe. „Mittags kam das Essen aus der LPG-Küche in Kübeln auf den Acker."

Auch da fließt kaum Geld. Der Lohn für einen eifrigen Pionier sieht anders aus: Was für den Erwachsenen die **Aktivistenmedaille**, ist für den Steppke mit blauem oder rotem Halstuch das **Pionierabzeichen**. Das gibt es in unzähligen Varianten und bei vielen Anlässen. Wer viel weiß, sportlich ist und anderen hilft, hat die blinkenden Blechnadeln bald im Dutzend. Und vor allem – das macht so richtig stolz – werden sie beim Fahnenappell verliehen.

Suppensortiment aus der Hortküche

Ruft das Pionierleben gerade mal nicht, läuft Sybille gleich nach der Schule zum **Hort**. Das ist ein Flachbau gleich neben der Turnhalle. Dort gibt es **Mittagessen auf Essenmarken**. Sie werden am Monatsanfang für alle folgenden Horttage gekauft – für 60 Pfennig das Stück. Die Frauen in der horteigenen Küche kochen meistens Suppen: **Möhrensuppe, Erbsensuppe, Nudelsuppe, Kartoffelsuppe, Puddingsuppe, Graupen, Reis** und **weiße Bohnen mit Zucker und Essig**. Manchmal gibt es auch **Kartoffelbrei mit Bratwürstchen, gekochte Klopse oder Milchreis** – aber schon seltener. In aller Regel wiederholt sich der Speiseplan alle 14 Tage. Nach dem Essen achten die Erzieherinnen darauf, dass jeder seine Hausaufgaben erledigt. Manchmal helfen sie sogar. Keinen Mucks dürfen die Kinder sagen bis alle fertig sind. Wie im Unterricht sitzen sie gerade und schnippen beim Melden nicht mit den Fingern. Zwar gibt es im Hort keine Zensuren für Disziplin. Ordnung, Fleiß oder Gesamtverhalten – so wie in der Schule – doch trainieren soll man für die Kopfnoten auch hier.
Endlich, endlich geht es raus auf den Spielplatz, zum **Klettergerüst**, auf die **Schaukel** oder die **Wippe**. Nur bei schlechtem Wetter spielen die Kinder drin, holen sich „Die große Spielesammlung“ mit **Mensch ärgere dich nicht, Halma, Dame und Mühle**, oder die **Schwarzer-Peter- oder Mau-Mau-Karten** aus dem Schrank. Es wird viel gemalt und gebastelt, vor allem vor dem Internationalen Frauentag oder vor Weihnachten. **Bis zur vierten Klasse bleibt Sybille im Hort**, auch in den Ferien, die dann Ferienspiele heißen.

Ferienspiele unterm blauen Wimpel

Zwölf Mark zahlen auch Bernd Langes Eltern gern für einen **„Ferienspiel-Durchgang“**, der etwa drei der acht Sommerferienwochen umfasst. Das Ferienprogramm stellen die Kinder zusammen.

Im Hort ist immer etwas los. Sybille zum Beispiel pflückt mit ihrer Freundin Lindenblüten für frischen Tee. In den Ferienspielen steigt das Sportfest.

Besonders beliebt sind **Schnitzeljagden** im Wald und **Ausflüge ins Freibad**. Vor der Stadt dreht zudem eine neue **Pioniereisenbahn** ihre Runden. Kinder in Mini-Eisenbahneruniformen verkaufen dort Fahrkarten und knipsen sie auch gleich. Durch den **Verkehrsgarten** nebenan kann man mit **Roller** oder **Rad** düsen, dabei spielend die wichtigsten Verkehrszeichen kennen lernen und eine Prüfung ablegen. Wer sie schafft, bekommt den **aktuellen Pionierkalender**, der immer für ein Jahr gilt, und natürlich ein Abzeichen. Schon morgens also ziehen die Ferienkinder in der Gruppe los. Oft trägt das erste einen **Stock mit Pionierwimpel** an der Spitze. Und, klar doch, wird auch gesungen. ***„Blaue Wimpel im Sommerwind – weh'n wo fröhliche Kinder sind. Blaue Wimpel im Sommerwind, über unserem Land"*** – also, wenn das jetzt nicht passt!

Die neue Pioniereisenbahn dreht ihre Runden.

Nur einmal machen Schule und Hort für drei Wochen zu. Das ist im Winter '63. Der ist so lang und bitterkalt, dass Kohle knapp wird. Der Hausmeister erhält einen Heizstopp. Alle Knirpse bleiben zu Hause. Und das geht irgendwie auch.

Wölfchen genießt „Errungenschaften des Sozialismus"

Die AWG verhilft zur neuen Wohnung

Während Heidi und Sybille ihre ersten Anerkennungen als Pioniere einstreichen und noch immer Omas Nachttopf oder das Plumpsklo auf dem Hof benutzen, kann Wolfgang Zerfass schon die „**Errungenschaften des**

Sozialismus" genießen. Ende der 50er Jahre kommt das Wölfchen als erstes und einziges Kind des Werkzeugmachers Alfons Zerfass und seiner Frau zur Welt. Und weil der Vater in einem großen Chemiebetrieb arbeitet und auch sonst umtriebig ist, kann die kleine Familie recht fix eine **Dreiraum-Neubauwohnung** in der Betriebssiedlung beziehen. „***Die Wände müssen schon aus Beton gewesen sein, denn wir bekamen keinen Nagel rein. Und man konnte gut hören, wenn der Nachbar seine Kinder verdrosch. Die Dämmung hatte man also auch gespart***", erzählt Zerfass.

Wolfgang kommt Ende der 50er Jahre zur Welt. Sein Kinderwagen ist hochmodern.

Klar ist Wölfchens Vater zuvor in die **AWG** (Arbeiter-Wohnungsbau-Genossenschaft) eingetreten, die dem Chemiebetrieb angeschlossen ist. Die Familie hat für den Eintritt gezahlt, und Vater leistet neben seiner Arbeit erst **AWG-Stunden** und dann **NAW-Stunden** (Nationales Aufbauwerk) – umsonst versteht sich. Doch das macht gar nichts. Dafür hat die Familie schließlich den höchsten Wohnkomfort, den man sich in dieser Zeit denken kann. „***Wohn- und Schalfzimmer waren in meinen Augen riesengroß***", erinnert sich Wolfgang Zerfass. „***Und ich hatte ein eigenes Zimmer mit Mecki-Bildern an der Wand.***"

Ein **Bad** gehörte zur Wohnung und eine **Küche mit Anbaumöbeln**, **Kohleherd** und **Backofen**. „***Die Schränke waren rosa-gelb lackiert und aus Hartfaser und Sprelacart. Die Schiebetüren hatten Griffmulden. Eine Gastherme sorgte für warmes Wasser in Küche und Bad.***" Ein **Berliner Ofen** heizte das Wohnzimmer. Kleinere Öfen standen in den beiden anderen Räumen. „***Immer im Herbst pinselte Vater die Ofenrohre, die zum Schornstein gingen, mit Silberbronze. Das roch erst mal komisch, wenn die Heizperiode losging.***"

Dank goldener Hände der Held der Siedlung

Ganz im Gegensatz zu Familie Wirtz nutzen die Zerfass' ihre **gute Stube** ständig. Sie hat ein **Büfett** mit **Glasvitrine** und umlaufenden goldenen Zierleisten, das die Großeltern samt der passenden Anrichte spendeten. Auf dem **großgeblümten, weinroten Sofa** mit hohen Lehnen und Kordeln kann Wolfgang wunderbar herumlümmeln. Mutter schützt es vorsorglich mit einer **Couchdecke**. Auf dem Parkettboden liegt ein graugrüner Teppich mit **Fransen**. Auch an die graue Tapete mit ihren weißen und roten Strichen erinnert sich Zerfass. „Insgesamt war wohl doch alles ein wenig bunt."

Höchsten Komfort hat die Wohnung, in der die Familie Zerfass mit dem einzigen Kind lebt. Vater Alfons hat goldene Hände.

Jede Wohnung hat einen **Balkon**. Hinter dem Block sind **Hausgärten** und **Schrebergärten**. Man ist viel im Freien. Die Familien kennen sich. Sie arbeiten im Chemiewerk zusammen und natürlich auch bei **AWG- und NAW-Stunden**. Wann immer man sich sieht, wird geschwatzt – miteinander und übereinander. So bleibt nicht lange verborgen, dass Wölfchens Vater ganz besondere Qualitäten hat. Der Mann hat zwei zupackende Hände und kann alles. Zu Zeiten, wo zwangsweise jeder zum **Heimwerker** werden muss, ist so ein Mensch nicht mit Gold aufzuwiegen. Was es nicht zu kaufen gibt, das bastelt Zerfass senior selbst. Seine **Dunkelkammerausrüstung** zum Beispiel. Doch er kann auch schweißen und klempnern. Weil es praktisch so gut wie keine Dienstleistungen gibt, **Handwerker** absolut dünn gesät sind und **Material** im Grunde ganz fehlt, steigt Vater Zerfass zum Helden der Siedlung auf und kann bei der Gelegenheit selbst **„gute Beziehungen"** aufbauen. Die kann man schließlich immer gebrauchen. Der Werkzeugmacher hat sich im Keller eine Werkstatt eingerichtet – teils mit **gekauftem**, teils mit **geklautem** und teils mit **gekaupeltem** (gängiger Begriff für: Gibst du mir, geb' ich dir) Material.

An den Wochenenden ist er folglich immer ausgebucht.

Familie Zerfass hat einen Schrebergarten. Das Plantschen in der Regen-Badewanne macht Wölfchen Spaß.

Mutter sieht es mit gemischten Gefühlen. Die gemeinsame Zeit ist knapp, doch natürlich kann sie die paar Kröten zusätzlich gut gebrauchen. Mit den 600 Mark, die der Vater anfangs und den 800 Mark, die er Jahre später nach Hause bringt, kann man keine Sprünge machen. Auf „Anschaffungen", wie **Fernseher oder Kühlschrank,** muss die Familie Jahre sparen. Ein **Auto** kommt nie infrage.

„Großer Bruder" schickt Auto mit Tücken

Es dämmert schon, als sich Sybille Scholz mit Mutter und Vater auf den Weg macht. Dieser Abend soll etwas ganz Besonderes werden. Vater, Mutter und Tochter haben sich in Schale geworfen. Vor eine paar Tagen kam die Benachrichtigung per Postkarte: ***„Ihr Pkw ‚Moskwitsch' wird am ... ausgliefert."*** „Wie viele Jahre haben wir auf das Auto gewartet?", will die Tochter wissen. Vater rechnet: „Fünf Jahre?" Ein Klacks. Noch kann sich kaum jemand ein eigenes Auto leisten. Später wird man zehn, ja sogar bis zu 15 Jahre auf einen **Mossi, Trabant, Wartburg** oder **Skoda** warten müssen.

Die Familie geht durch ein Hoftor. Dahinter ist eine Autowerkstatt. In der Halle stehen an die fünf, sechs **Moskwitschs** – alle weiß, bis auf einen. Rechts in der Ecke tuckert ein dunkelblauer Wagen vor sich hin. Vater Friedhelm schlägt blitzschnell einen Haken und legt die Hand auf dessen Motorhaube: „Du bist meiner." Jede der ankommenden Familien macht das so. Als alle Autos verteilt sind, geht es an die Formalien.

„Der geht immer mal aus", sagt der Werkstattleiter jovial zu Friedhelm. „Da könnte die Batterie runter sein. Wenn sie ihn nicht zum Laufen kriegen, nehmen sie einfach die **Kurbel**." Der Mann drückt dem Vater einen riesigen Eisenhaken in die Hand. So ein Ding kennt Sybille nur aus den alten Filmen, die montagabends nach der **„Aktuellen Kamera“** und vor dem **„Schwarzen Kanal“** im **DDR-Fernsehen** laufen. Die Eltern gucken sie ebenso regelmäßig wie **„Willi Schwabes Rumpelkammer“** am Mittwoch. Seit der neue Fernseher der Marke **„Rembrandt“ mit dicker Bildröhre und Scheibe davor** im Wohnzimmer steht, schleicht sich die elfjährige Sybille manchmal abends aus dem Bett und guckt durch den Türschlitz ganz leise mit. Das bildet, wie man sieht. Denn sonst wüsste das Kind rein gar nichts anzufangen mit Vaters neuer Kurbel.

Doch im Moment ist der Haken gar nicht nötig. Der Motor läuft ja schon. Hoch beglückt fährt die Familie vom Hof – bis zur nächsten Kreuzung. Da bockt das Auto. Vater leiert an der Kurbel wie ein Besessener. Der für den nächsten Tag geplante Ausflug zur Oma, um das neue, von ihr bezuschusste Auto zu zeigen, fällt aus. Die Karre will nicht. Der Vater kurbelt, die Mutter schimpft, die Tochter heult, und der Moskwitsch zickt. „***Vielleicht muss man ihn auf Russisch ansprechen***“, schnaubt Friedhelm. Sein Traum vom Auto wird langsam aber sicher zum Alptraum.

Erst hat der Moskwitsch ein paar Tücken, doch dann fährt er wirklich gut.

Keine zwei Tage nach dem Kauf ist die Familie wieder in der Werkstatt. Der Leiter lächelt wissend. „Na, dann wollen wir mal.“ Der Rest ist schnell erzählt. Irgendein Monteur in der fernen Sowjetunion, dem **„Großen Bruder“** der kleinen DDR, hat die Batteriekabel nicht ordentlich angeschlossen. Sie klemmen in der Karosse fest. Dort hat man sie dann auch belassen. Neue Drähte waren unaufwändiger.

Margot gibt den Samstag nicht frei

Dank Mossi kann Sybille Scholz jetzt die große, weite Welt ansteuern. Sie fährt nach Berlin, Potsdam, Leipzig oder Dresden. Weitere Urlaubsreisen – etwa an die Ostsee – empfehlen sich nach wie vor mit der Eisenbahn. Die ist zum einen spottbillig und zum anderen schneller. Mossi bringt es kaum über 80 Stundenkilometer. Und mit Autobahnen ist das kleine Land auch nicht eben gesegnet. Mossi also bleibt ein Wochenend-Ausflugsauto. Wochenenden beginnen ab dem Jahre '66 schon am Freitagabend. Allerdings nur für Werktätige. Die bekommen erst jeden zweiten und dann **jeden Samstag frei**. Dem Land geht es immer besser, sagen die **Köpfe von Partei und Regierung**. Und deshalb müssen die Eltern auch nicht mehr so viel arbeiten.

Allein für Schüler gilt das nicht. Margot sperrt sich. Seit drei Jahren ist **Frau Honecker Volksbildungsministerin**. Noch ist ihr Mann Erich nicht der erste Mann im Staat, doch seine Frau kann sich auch ohne ihn durchsetzen. Mögen die Eltern doch reihenweise diskutieren, mögen die Schüler doch dutzendweise ausgerechnet am Samstag „plötzlich und unerwartet“ aufs Krankenlager sinken. Der Sonnabend bleibt Schultag und basta! Also gut, in der Regel sind die Kinder dadurch nicht ungebildeter geworden. Neben so fraglichen Fächern wie Handarbeit oder **Staatsbürgerkunde** haben sie immerhin noch ganz viel Zeit für Deutsch, Mathe, Naturwissenschaften oder Fremdsprachen – vornehmlich **Russisch** natürlich, ponimajesch (verstehst du)? Doch das Bildungsniveau im Osten Deutschlands soll sich tatsächlich europaweit an der Spitze behaupten, so steht es in der Zeitung. Die besten Schüler holen Titel bei Kreis-, Bezirks- oder DDR-Olympiaden und **„Abzeichen für gutes Wissen“**. Sybille Scholz bekommt jedes Jahr eines.
Die Auszeichnungen wiederum spielen beim wöchentlichen Fahnenappell eine Rolle. Aber wir wollen uns ja nicht im Kreise drehen. **Schule, Pioniere** und die **FDJ** (Freie Deutsche Jugend) sind schließlich nicht alles im Leben eines DDR-Kindes.

Die Straße ist zum Spielen da

Eins, zwei, drei, vier Eckstein – alles muss versteckt sein

Heidi Skotnik weiß, wovon die Rede ist. Zwar hat auch sie wie viele andere Kinder eine **Brieffreundin im fernen Moskau**, deren Adresse sie über die Schule erhalten hat und der sie bis nach der Jugendweihe regelmäßig schreibt. Doch Natascha bekommt nur einen winzigen Bruchteil von Heidis Freizeit. Und eigentlich nur die Stunden, in denen es regnet oder dunkel ist und die Großeltern vor dem **Radio** sitzen. Wenn Großvater **Fußballreportagen** hört oder Großmutter der **„Schlagerrevue“** mit **„Heinz der Quermann“** lauscht und dabei **Strumpflöcher überm Stopfpilz** schließt, schreibt Heidi Briefe nach Moskau. Oder sie klebt **Stammbuchbilder** in ihr **Poesiealbum**.

Heidi schmückt ihr Poesiealbum gern. Viel lieber aber spielt sie draußen.

Manchmal schickt Omas Freundin aus dem Westen Stammbuchbilder. Im Gegensatz zu denen aus dem Papierwarenladen an der Ecke sind sie mit goldenem oder silbernem Glitzerstaub besprüht. Das schmückt die „Sprüche fürs Leben“ von Freundinnen und Lehrern ungemein.

Herrlich aber sind die Nachmittage, an denen Heidi Skotnik mit anderen Mädchen und Jungen im Freien spielen kann. Die Kinder tragen Wettbewerbe im **Seilspringen** aus – allein, zu zweit, zu dritt. Wer kann am längsten hüpfen, wer am schnellsten, auf einem Bein, mit und ohne Zwischensprung. Wer treibt seinen **Kreisel** mit der **Peitsche** am weitesten, und wer lässt ihn die höchsten Sprünge machen, ohne dass er liegen bleibt. Wer schafft es beim **Schangeln**, die **Alu-Chips** (Kleingeld) am dichtesten an die Mauer zu werfen. Die Kinder spielen mit **Glas- und Tonmurmeln**, hüpfen auf einem Bein und mit einem Stein durch **„Himmel und Hölle“** oder orten den **Plumpsack**. „***Dreht euch nicht um, der Plumpsack geht um, er geht um den Kreis, dass niemand was weiß ...***“, tönt es aus Höfen und Gärten. „***Eins, zwei, drei, vier Eckstein, alles muss versteckt sein. Wer vor mir steht, wer hinter mir steht, wer neben mir steht, muss sein***“, ruft es an jeder Ecke. Die Straße ist der schönste Spielplatz. Wer nicht rausgeht, gilt als Stubenhocker. Heidi kennt keinen.

„Verjoche“ heißt ihr Lieblingsspiel. Dabei suchen und verstecken sich ganze Kindergruppen. „***Wir liefen über Dachböden und durch Keller. Zwischen den Häusern hatte man im Krieg die Trennwände herausgenommen. Alle Durchgänge waren noch offen. Ganze Straßenzüge konnten wir so unsicher machen***“, erzählt sie. Und, also wirklich, da soll doch ab und zu ein Einmachglas gerufen haben: „Nimm mich mit.“

Straßen und Höfe sind ideale Spielplätze der Kinder.

Harmlos, wirklich ganz harmlos ist das im Gegensatz zu sonstigen Aktionen der Clique. Im Stadtpark gibt es einen Wasserturm. „Der sollte gesprengt werden, kippte aber nicht“, so Heidi Skotnik. Im Inneren haben die **Straßenkehrer** von der Stadtreinigung ihre Besen und Karren abgestellt. Das finden die Kinder heraus, als sie wissen, wie man hineinkommt. Und dann wird es ganz gefährlich. „Es gab keine Treppen mehr, nur noch die Simse, auf denen einst die Treppenstufen gelegen haben müssen. Also stiegen wir über die Simse bis unters Dach.“

Doch Heidi kann sich noch steigern. Das Mädchen, dass am liebsten mit Jungen spielt und sich selbst so gar nicht als Püppchen sieht, steigt mit ihren Freunden in die Kanalisation. Die Kinder schleichen unter dem Komplex der Universitätskliniken entlang. „Zwischen Chirurgie und Kinderklinik kam ein Rohr aus der Wand“, erzählt Heidi Skotnik. „Wir warfen Steine rein, das klapperte herrlich laut.“ Doch das Treiben soll bald ein Ende haben. „Als wir eines Tages aus der Kanalisation stiegen, stand die Polizei schon da. Wir wurden verhaftet.“ Auf der Wache sollen die Kinder ihre Namen sagen. „Heidi?“, der Polizist zweifelt stark an der „Richtigkeit der Angaben“. Zweifelsfrei steht hier ein Junge vor ihm, glaubt er. **Also muss sich das Kind durch Herablassen der Hosen als Mädchen ausweisen**.

Später erfahren die Kinder, dass am anderen Ende des Rohres ein Kellerraum war. Dort standen hochwertige medizinische Geräte. „Wir hatten richtig schlimmen Schaden angerichtet", sagt Heidi Skotnik. „**Doch der Vater eines der Jungen in der Gruppe arbeitete bei der Stasi. Und so verlief die Sache im Sande**."

„Pouva Start" hält das Lagerleben fest

Sybille wohnt am Stadtrand. Vor dem Haus dehnen sich weite Felder. Sommers bauen sich die Kinder im Korn ihre **„Buden"**. Die Bauern von der **LPG** sehen das gar nicht gern. Heruntergetretenes Korn kann der **Mähdrescher** nicht aufnehmen. Manchmal wächst auch Rhabarber auf dem Feld oder Kartoffeln. Das können Sybilles Eltern recht gut im eigenen Haushalt verwerten. Gurken, Tomaten, Äpfel und Pfirsiche liefert der Garten. Auf den **OGS-Handel** (Obst, Gemüse, Speisekartoffeln) kann man sich nur wenig verlassen. Das Angebot geht über frischen Weiß- und Rotkohl, über Erbsen, Möhren und Bohnen in der Dose, Sauerkohl aus dem Fass sowie Äpfel und Kartoffeln kaum einmal hinaus. Ein eigenes Stück Land – meist als **Schrebergarten** – ist daher überaus begehrt.

Ein besonders reichhaltiges Lebensmittelangebot, so weit man das so nennen darf, ist für **Kindererholungsheime, Kinderferienlager, Pionierlager oder FDGB-Ferienheime** reserviert. In Eisenach, gleich gegenüber der „Wartburg", steht so ein Kindererholungsheim. Früher war es wohl eine Villa, oder fast schon ein Schlösschen. Sybille und eine Handvoll Kinder aus ihrer Klasse lernen das Heim kennen. Sie alle haben eines gemeinsam: Sie sind zu dünn. Das hat der **Schularzt** bei seinen **alljährlichen Vorsorgeuntersuchungen** festgestellt. Also heißt es für vier Wochen: essen, wandern, spielen, ein wenig lernen, schlafen und wieder essen – vor allem Milchprodukte. Die vierwöchige **„Kindererholung"** ist üblich in dieser Zeit. Es gibt sogar ein Lied darüber: ***„... willst du mal nach Eisenach gehen, faria-fariaho, musst du erst zum Doktor gehen, faria-fariaho. Der verschreibt dir einen Schein für das Kindererholungsheim, faria-fariaho ..."*** Das singen die Steppkes schon auf der Bahnfahrt zum Erholungsort.

„Kindererholung" fällt in die Schulzeit. Was aber geschieht in den acht Wochen Sommerferien, wo doch der Urlaub der Eltern zu kurz und die von der **Betriebs-Ferienkommission** zugewiesenen Urlaubsplätze zudem rar sind? Auch da gibt es eine Lösung: Das **Kinderferienlager**. Personell ausgestattet wird es vom Betrieb der Eltern, finanziert auch. Nur zwischen zehn und 15 Mark zahlen die Eltern für einen dreiwöchigen Aufenthalt ihrer Sprösslinge.

Werner Wirtz macht schlechte Erfahrungen. Sein Aufenthalt in Ückeritz an der Ostsee dauert ungewollte sechs Wochen länger. Im Lager herrschte **Ruhrverdacht**. Es gab Quarantäne und ein Heimfahrverbot.

Ein beliebtes Spiel im Ferienlager ist „Würstchenschnappen".

Mit sechs Jahren fährt Sybille zum ersten Mal ins **Betriebs-Kinderfereinlager** und mit 18 Jahren zum letzten Mal. Da allerdings schon als „Erzieherin". Irgendwo im Erzgebirge hat Mutter Annelieses Betrieb einen Gasthof mit Saal und Dachboden gefunden. Die große Wiese hinterm Haus ist ideal zum Spielen. Viel Brimborium macht man nicht. Luxus ist den allermeisten Kindern ohnehin fremd. Geschlafen wird also auf **Pritschen**, die auf dem unausgebauten Dachboden aufgereiht sind. Darunter ist Platz für den Koffer. Schränke sind nicht nötig. Eine Installation aus **Kaltwasserhähnen und langen Trögen** im **Waschhaus** sorgt für saubere Kinder. Zwei **Plumpsklos** hinterm Haus reichen für sonstige Bedürfnisse. Gegessen wird an langen Tischreihen im Saal. Jeden Tag ist eine andere **Lagergruppe** für den **Tischspruch** zuständig. „Blumenkohl und Schweinebraten sind der Köchin gut geraten. Was da auf dem Teller dampft, wird von uns gleich weggemampft. Guten Appetit", heißt es da zum Beispiel. Zum Frühstück – dem der tägliche zehnminütige **Frühsport** vorausgeht – teilt der **Lagerleiter**, der ansonsten als Ingenieur in Annelieses Betrieb arbeitet, die Post aus. Dabei wird genau registriert, welches Kind leer ausgeht. Passiert das zu oft, bekommen die Eltern daheim schon eine Erinnerung vom **Gewerkschaftsmann** oder dem **Parteisekretär**. Schließlich soll es dem Nachwuchs an nichts fehlen.

Und tatsächlich: Heimweh ist selten. Sybille kennt es gar nicht. Für drei Wochen kann sie sogar gut auf ihre Lieblingssendungen verzichten, die sie seit kurzem vor den neuen Fernseher der Eltern im Wohnzimmer locken: **„Pro-**

fessor Flimmrich" am Samstag oder **„Meister Nadelöhr"** samt **Schnatterinchen und Pittiplatsch** am Sonntag. Tapfer stapft sie stattdessen auf Tageswanderungen durchs Erzgebirge. Ganz viel Spaß hat sie am Heidelbeerensammeln, an Badeausflügen oder Kinobesuchen und dem **Lagersportfest**.

Mit der „Pouva Start" knipst Sybille die Sketche des Abschlussfest-Programms.

Vieles hält Sybille mit ihrer **„Pouva Start"** fest, einer großen Kamera, die aus heutiger Sicht etwas primitiv aussieht. Doch Sybille ist vertraut mit der Technik. Unter der Bettdecke dreht sie den leeren **Zwölf-Bilder-Film** ein und holt ihn voll **im Dunkeln** auch wieder raus. Mehr als zwei Filme geben die Eltern nicht mit. Kauf und **Entwicklung beim Fotografen** sind ziemlich teuer. Und am Ende kommen auch nur winzige **Schwarz-Weiß-Fotos** raus. Der Farbfilm ist noch nicht im Handel. Doch selbst als er kommt, wird er eher selten genutzt. Auf seine Entwicklung muss man bis zu einem Vierteljahr warten und bis zu einer Mark pro Bild zahlen. Damit muss sich Sybille also noch nicht befassen. Sie sieht zu, dass sie ordentliche Bilder vom **Lager-Abschlussfest** bekommt, bei dem jede Gruppe ein Programm zeigt. Fotos vom anschließenden **Abschluss-Lagerfeuer** sind schon nicht mehr möglich. Konturen in der Dunkelheit nimmt die **„Pouva Start"** nicht auf.

Fürs Lagerfeuer haben die Kinder oft Holz aus dem nahen Wald geholt. Bis in die Nacht hinein sitzen sie nun um die Flammen. Einer der **Erzieher spielt**

Gitarre, alle singen. Das ist romantisch. Aus Schule und Pionierleben haben die Kinder ein umfangreiches Repertoire mitgebracht – **Volkslieder** vor allem, aber auch internationale Titel. **„Bella Ciao"** zum Beispiel. Das Lied aus dem spanischen Bürgerkrieg wird oft zum **„Lagerlied"** gewählt, und also bei Lager-Appellen und auch sonst gesungen: ***„Eines Morgens, in aller Frühe, bella ciao, bella ciao, bella ciao, ciao, ciao. Eines Morgens in aller Frühe, trafen wir auf unseren Feind ..."***

Ganz so fröhliche Erinnerungen ans Kinderferienlager hat Heidi Skotnik nicht. Sie ist gerade elf Jahre alt, als ihr beim Spielen plötzlich **Blut an den Beinen herunterläuft.** „Ich dachte, ich muss sterben." Heidi versteckt sich in einem Busch. Man sucht sie. Erst am Abend wird sie gefunden. Eine **Erzieherin** versucht, das Mädchen **aufzuklären**. Sie muss bei null beginnen. Und dennoch tut sie es nur zögerlich. „Später heiratete ich, weil ich schwanger war", erinnert sich Heidi.

Mit der **Aufklärung** geht man behutsam um in der DDR. Zwar sind die Menschen hier nicht prüde. Die **FKK ist eine Massenbewegung**. Tausende Nackedeis liegen am Ostseestrand und präsentieren sich in der Fernsehsendung **„Außenseiter – Spitzenreiter"**. In der **Zeitschrift „Magazin"** erscheint monatlich ein **Aktbild**. Eigens deshalb geht das Blatt weg wie warme Semmeln. Professor Schnabel schreibt sein berühmtes Buch **„Mann und Frau intim"**. Die Schule hat „Aufklärung" in den Lehrplan aufgenommen – allerdings erst in der achten Klasse. Das ist wohl ein wenig spät. Und die Eltern halten sich mit der Weitergabe ihres Intimwissens meistens schamvoll zurück.

Talente – erst gesucht und dann gelenkt

Mit Nasenbruch über den Rennsteig

Ganz anders, und doch auch wieder ganz typisch erlebt Werner Wirtz seine Kindheit. Groß und sportlich ist der Junge, und so verwundert es nicht, dass man schon bald auf ihn aufmerksam wird. „Wer von euch hat Lust, Handball zu spielen?", fragt der Lehrer eines Tages in die Runde. Werner und ein paar seiner Freunde haben Lust. Noch keine zehn Jahre alt ist der Junge da. Er kommt zum örtlichen **Sportklub**. Bis zu sieben Mal in der Woche hat er nun **Training**. Doch es macht ihm Spaß. Werner ist jetzt etwas Besonderes. Zweimal in der Woche fällt das Training in die Unterrichtszeit. Die Schule nimmt Rücksicht. Auch am obligatorischen Sportunterricht gibt es Abstriche. Das volle Programm ist gar nicht nötig. Die gute Note steht von vornherein fest.

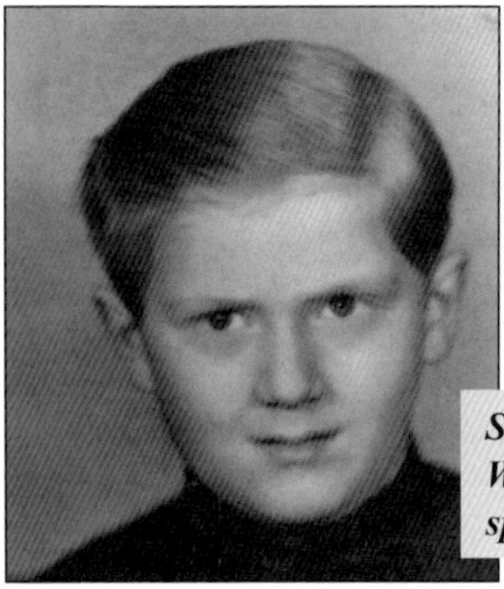

Schon als kleiner Junge wird Werner für den Leistungssport geworben.

Bald wechselt das inzwischen rund 1,90 Meter große **Sporttalent** zum Basketball. „Der wurde als **Leistungssport besonders gefördert**", erinnert sich Werner Wirtz. Erwachsene Mitspieler beispielsweise galten als Angestellte eines Betriebes – erhielten von dort auch ihre Bezüge – machten aber tagtäglich ausschließlich Sport. „Viele waren auch beim **ASK**, dem Armeesportverein", weiß Wirtz. Und selbstverständlich seien sie mit entsprechendem sportlichem Erfolg auch im Dienstgrad nach oben geklettert. Doch Werner soll der Druck bald zu groß werden. Bei einem harmlosen **Leichtathletik-Vergleichskampf** siegt der Junge unvermittelt im Hochsprung. Ganz ohne spezielles Training oder Technik legt er eine Höhe hin, die aufhorchen lässt. ***„Die Trainer rannten meiner Mutter die Wohnung ein. Sie wollten mich unbedingt zur Leichtathletik holen. Als Leistungssportler natürlich. Aber das wollte ich nun wirklich nicht."***

Zum Vergleichskampf ins Ausland

Nach der Schule wechselt Werner in einen **Betriebssportverein**. Da geht es gemäßigter zu, sehr viel ruhiger indes kaum. Immerhin schafft es die Mannschaft in die Endrunde der **DDR-Meisterschaft**. Die Wochenenden sind also für **Vergleichskämpfe** reserviert – im In- und Ausland. Sportliche Kontakte, lanciert vom **Deutschen Turn- und Sportbund (DTSB)**, gibt es zu Vereinen in Polen, der CSSR, Ungarn oder Rumänien. Reisen sind inklusive. Doch die Sportler reisen nicht allein. „Immer waren **‚Offizielle' vom DTSB** dabei", sagt der Basketballer. „Das war schon in Ordnung. Nicht aber, dass sie vor Ort oft ihre eigenen Wege gingen." Er habe einen der „Offiziellen" einmal gebeten, doch auf der Bank zu sitzen, wenn die heimische Mannschaft spielt. Doch damit habe er sich nicht gerade einen Freund gemacht.

In unangenehmer Erinnerung ist Wirtz auch ein geplantes **Oberligaspiel gegen Dynamo Berlin**. Seine Mannschaft und ihr Trainer hatten sich bei der Anreise mit der Bahn verfehlt. „Wir kannten den Weg nicht. Einer von der

Der lange Wirtz macht Karriere beim Basketball.

Gegnermannschaft sah uns am Bahnhof stehen, grüßte noch im Vorüberfahren, half aber nicht. Jedenfalls kamen wir zu spät. Die Punkte wurden uns komplett aberkannt. Ich fand das unfair. Man hätte es auch anders regeln können." Dennoch sagt Wirtz, der später noch etliche Jahre in der **Männermannschaft** spielte, rückblickend: „Der Sport hat mir viel gegeben." Und er nennt **Teamfähigkeit, Willen und Ausdauer** als Beispiele.

Viel Luxus gibt es beim Vergleichskampf in Rumänien nicht. Doch Werner ist ohnehin nur der Sport wichtig, so auch später beim Rennsteiglauf mit seinem Freund Dr. Jürgen Burisch.

Davon kann er unter anderem beim **Rennsteiglauf** profitieren. Für das etwa 70 Kilometer lange Rennen, das Anfang der 70er Jahre erstmals **von Eisenach über Oberhof nach Schmiedefeld** startet, und an dem Wirtz dann mehrmals teilnimmt, hat er asketisch gelebt und täglich trainiert. Und dann passiert es. „Ich lief allein. Zum ersten Mal hatte ich mich nicht mit Sportkameraden zusammengetan. Da, bei Kilometer 34, trat mir jemand in die Hacken. Ich strauchelte, stolperte über eine Wurzel und fiel genau aufs Gesicht." Er habe gespürt, dass das Nasenbein brach, so Wirtz. Doch unter Druck sei er einfach weitergelaufen. „Bei Kilometer 50 stand ein Freund von mir, ein Chirurg. Der richtete die Nase und strich sie nach unten. Ich habe das Rennen bis zum Schluss durchgehalten."

Entscheidung zwischen Marx und Kirche

Mit den Haaren wächst die Liebe zur Beatmusik

Während bei Sybille, Heidi und Werner immer alles irgendwie geradeaus geht, wird Klaus-Dieter ständig hin und her gerissen. Schuld ist, wenn man's mal ganz eng sieht, seine Herkunft. Mutter und Sohn Kühner stammen aus dem **Sudetenland**. Das ist eine **katholische Gegend**. Frau Kühner ist es auch. Nur einmal ist sie's nicht. Das Ergebnis ist Klaus-Dieter. Unehelich – eigentlich eine ziemliche Schande damals. Nun könnte man ja meinen, Mutter Kühner halte jetzt fest am Glauben, mit all seinen Konsequenzen. Und zunächst tut sie das auch. Sie meldet ihren Sohn zum **Religionsunterricht** an. Aber was, wenn der über alles geliebte Spross als Nicht-Pionier Nachteile hat? Mutter Kühner entscheidet aus dem Bauch heraus: Die Pioniere müssen auch sein. Also geht Klaus-Dieter am Dienstagnachmittag in die **Christenlehre** und am Mittwochnachmittag zum **Gruppennachmittag der Pioniere**.
... und sonntagnachmittags manchmal auch mit Mutter ins Kino. „Im **‚Augenzeugen'** sah ich die Bombe von Hiroshima. Das machte mir Angst." Und bei der alljährlichen **Demonstration zum Kampf- und Feiertag der Werktätigen am 1. Mai** sah Klaus-Dieter die Transparente mit der Losung „Kampf gegen den Atomtod". ***„Meine ganze Kindheit über glaubte ich tatsächlich, dass irgendwer aufs falsche Knöpfchen drücken könnte. Dieser Kalte Krieg ist mir bis ins Kinderzimmer gefolgt. Ich fürchtete, die ‚Bonner Ultras' könnten morgen die Welt plattmachen."***

Jugendweihe oder Firmung? Die Entscheidung ist manchmal schwer – auch für Klaus-Dieter.

Doch alles läuft bestens – bis zur achten Klasse. Da steht die Frage erneut: **Jugendweihe** oder katholische **Firmung**. Mutter will beides. Also hört sich Klaus-Dieter ein ins **kommunistische Weltbild** und findet sich auch ins christliche. Das geht prima – bis der Pfarrer ein Ultimatum stellt: Entweder keine Jugendweihe oder Sakramentssperre. Ein vertracktes Ding. Aber Mutter Kühner entscheidet aus dem Bauch heraus: „Bei allem Glauben möchte ich nicht, dass der Junge später Schwierigkeiten hat", sagt sie. Und prompt hat sich das mit der Firmung erledigt. „Der Junge" legt brav das **Jugendweihe-Gelöbnis** ab und geht mit dem Wälzer **„Weltall – Erde – Mensch"** nach Hause. Klaus-Dieters Nähe zur Kirche aber bleibt.

Nach dem Schraubenzählen kommt die Gitarre

Etwa um die gleiche Zeit muss es gewesen sein, dass er seine Liebe zur Musik entdeckte. Es war beim Schraubenzählen. Das nämlich machte der 15-Jährige im Armaturenwerk. Mit **Ferienarbeit** wollte er sich, wie die meisten Schüler damals, ein paar Mark hinzuverdienen. „Hör mal“, sagte da einer der Jungen neben ihm. „Wie wäre es, wenn du dir von deinem Geld eine **Gitarre** kaufst?“ Klaus-Dieter überlegte. Es war die Zeit der **Beatles**.

Tanzen im Jugendclub: Es war die Zeit der Beatles.

Er hatte gesehen, wie die Mädchen vor diesen **Pilzköpfen** in Ohnmacht fielen. Was für eine paradiesische Situation. Das wollte er auch erleben. Klar kauft er die Gitarre. Heimlich probten die Jungen auf Kühners Dachboden. Mutter sollte es nicht merken. Nachdem ihr Bruder als Schauspieler in Ostberlin „abgestürzt“ war, hatte sie etwas gegen „brotlose Kunst“. Ihrem Klaus-Dieter sollte das erspart bleiben. Er sollte **etwas Ordentliches lernen**.
Als es zu heiß wird, bekommen die Jungen die Erlaubnis, in einem Klas-

Klaus-Dieter kauft vom Ferienarbeitsgeld seine erste Gitarre. Nur Monate später spielt er mit den „Meteors“.

senraum ihrer Schule zu proben. Freilich nicht ohne Hintergedanken: Am **13. Dezember**, dem **Pioniergeburtstag**, treten Wolfgang, der Schlagzeuger, Manfred, der Leadgitarrist, und Klaus-Dieter, der Sänger und „Mann“ an der

Rhythmusgitarre, zum ersten Mal auf. Genau ein Vierteljahr nach der ersten Probe sind die **„Meteors“** geboren. Klaus-Dieters Familie schmilzt dahin. Oma näht das Wort „Meteors“ auf die Gitarrenhülle. Mutter harrt bei einem **Open-Air-Konzert** in der prallen Sonne aus. Ganz stolz ist sie auf ihren „kleinen Jungen“.

Fünf Jahre besteht die Band, deren Leitung ganz rasch Klaus-Dieter übernimmt. Sie spielt zum **Schüler- und zum Jugendtanz** auf, tourt durch **Jugendklubs** und übers Land. Mit Bus und Bahn sind die Jungen unterwegs, schleppen ihre Instrumente selbst. Später kann einer von ihnen stundenweise einen **„H3A“**, also einen Lkw von der **GST** (Gesellschaft für Sport und Technik), besorgen. Der hat hinten seitliche Sitzbänke und eine Plane drüber. In der Mitte stehen die **Verstärker**, und auf den Bänken sitzen Fans, die mit auf die Dörfer rausfahren. Alle anderen kommen mit **Rädern, Mopeds, zu Fuß oder getrampt**. „Die „Meteors“ spielen Titel von den **„Sputniks“**, den **„Shadows“** und den **„Beatles“**. **„Balla balla balla“** ist ein so gewaltiger Abräumer, dass Klaus-Dieter zeitweise den Spitznamen „Balla balla“ bekommt. Die „Geheimwaffe“ aber sind Titel von den **„Bee Gees“**. „Wenn wir am späten Abend **‚World‘, ‚Words‘ oder ‚Lamplights‘** spielten, schmolzen die Mädchen dahin – auch für die Musiker“, erinnert sich Klaus-Dieter Kühner. ***„Und immer dann hatten wir das Gefühl, eine dieser ganz großen Bands zu sein.“***

Beim Jugendtanz sind die Säle voll.

Mit den Erfolgen der „Meteors“ wachsen auch Klaus-Dieters Haare. **„Frisöre waren mir schon immer ein Graus“**, sagt der Mann. „Wenn sie mit dem **Rasierapparat** kamen und mir einen **Faconschnitt** verpassten, habe ich mich furchtbar geschämt.“ Irgendwann gibt Mutter dem Bitten des Sohnes nach, und die **Haare werden länger**. „Im Gegenzug bemühte ich mich, besonders höflich und freundlich zu meinen Mitmenschen zu sein. Ich wollte einfach den Beweis antreten, dass eine Mähne nicht zwangsläufig schlechtes Benehmen bedeutet.“

Eigene Kompositionen für den Gottesdienst

Nur in der Berufsschule, in der Klaus-Dieter eine Ausbildung als Schlosser mit Abitur absolviert, gibt es kurzzeitig Unstimmigkeiten. Der Junge hat auch hier mal kurz eine **Band** gegründet. Doch der Lehrmeister ist nicht so sonderlich begeistert von dem **Langhaarigen** und der **„Hottentotten-Musik"**, die er mit der „Stereo-Combo" veranstaltet. Also setzt er ein Ultimatum: ***„Entweder du schneidest dir die Haare, oder du darfst nicht beim Berufsschulfest auftreten!"*** Klaus-Dieter überlegt nur kurz und schüttelt eine Superlösung aus dem Ärmel. So eine **Singegruppe** würde sich doch gut machen an der Berufsschule, oder? Der **Lehrkörper** nickt angetan. „Ich habe die Gruppe nebenbei geleitet – und ich durfte mit langen Haaren weitermusizieren", erinnert sich Kühner.

Klaus-Dieter gründet eine Singegruppe und darf seine „langen" Haare behalten.

Wer weiß, ob die Sache so glimpflich ausgegangen wäre, wenn die Lehrer auch von der fortwährenden Nähe Klaus-Dieters zur Kirche erfahren hätten. Es ist müßig, darüber zu spekulieren. Tatsache aber ist, dass der Musiker auch vor dem Altar in die Saiten greift. **„Beatgottesdienst"** heißt das Zauberwort. Damit wollen Pfarrer die **Jugend in die Kirche** ziehen. Kühner, der inzwischen ein ansehnliches Repertoire an **Westmusik** auf der Pfanne hat, schreibt zu bekannten Titeln kirchlich geprägte Texte und kann mit ersten Eigenkompositionen aufwarten. „Wir zogen durch verschiedene Kirchen. Den Namen der Band, der üblicherweise auf der großen Trommel zu lesen war, verhängten wir. Schließlich konnte ja auch die **Stasi im Gotteshaus** sein." Und tatsächlich könnte sie in den übervollen Bänken gesessen haben. Denn irgendwann bekommt Kühners Band für neun Monate Spielverbot. „Das konnte allerdings auch so recht schnell passieren. **Lange Haare und Westmusik** waren damals eben eine brisante Kombination."

Letztlich aber gehen die **„Meteors"** ebenso auseinander wie Kühners weitere Bands **„Stereo-Combo"** und **„Team 7"**. Selbst **„Alpha 70"** – für kurze Zeit Regionalkult – zerfällt, weil die meisten Musiker zur Armee eingezogen werden.

Zweifelhafte Romantik auf hoher See

Als 19-Jähriger in die große, weite Welt

Keinen Gedanken hat Bernd Lange zunächst an Wehrdienst und Armee verschwendet. Ihn zieht es zur See. Und so lange der junge Mann über die Meere schippert, kann er nicht eingezogen werden. Doch das ist erst einmal nicht Bernds Motivation. „Es war in einer dieser endlosen **UTP- oder ESP**-Stunden (Unterricht in der technischen Produktion/Einführung in die sozialistische Produktion). Wir – vier Freunde – feilten und bohrten und bohrten und feilten. Und dabei wurde uns klar, dass wir nach der Schule nicht in einer **Werkhalle** versauern wollten. Also bewarben wir uns bei der **Hochseefischerei**." Bernd wird genommen. Immerhin bringt er eine ganz wesentliche Voraussetzung mit: Er hat **keine Westverwandtschaft**.

Raue See und harte Arbeit – Bernd vermisst die Seefahrtromantik.

Zur Ausbildung geht es nach Rostock. „Ihr seid **Repräsentanten der DDR im Ausland**", lernen die Jungen aus der ganzen Republik dort. Zwei Jahre lang werden sie fit gemacht für die weite Welt und den Fischfang. Bernd gehört zu den Besten. Schon nach anderthalb Jahren darf er seine erste Reise auf einem **Hochseeschiff** antreten. Es geht nach Norwegen. Das Wetter ist denkbar schlecht. Zehn Meter hohe Welle schütteln den **Frosttrawler** durch. Zum ersten Mal zweifelt der junge Mann an der viel besungenen **Seefahrtromantik**. Nach rechts und links schlingert Bernd und schlägt der Längenach auf die Planken: „Mir war sauschlecht."

Doch das interessiert niemanden. **Zwölf Stunden dauert die Schicht** in der Regel. Bis zu 18 Stunden können es werden. „Es kam ganz darauf an, ob **Laichzeit** war", sagt der Fachmann. „In der Laichzeit sind die Fische träge. Man kann sie leichter fangen." Wenn die **Schleppnetze** rasch voll sind, gibt es also nur sechs Stunden Schlaf. Die Fische werden hereingeholt, geschlachtet und sofort gefrostet. Gleich beim Auslaufen werden die Fischer in ihre Schichten eingeteilt. „Wenn ich in die Nachtschicht kam, konnte es sein, dass ich ein Vierteljahr keine Sonne sah", erinnert sich Bernd Lange.

Mit den Stiefeln in der stinkenden Fischsuppe

Eine Zeitlang fährt er auf einem **Zubringertrawler**. „Wir hatten nur den Fisch zu fangen. Dann brachten wir ihn zu den **Mutterschiffen ‚Junge Garde' oder ‚Junge Welt'**, wo er verarbeitet wurde." Sechs bis sieben Zubringer versorgten das Mutterschiff. Gab es viel Fisch, konnte es schon mal sein, dass die Verarbeiter nicht nachkamen und sich die Zubringertrawler zur **Ladungsübergabe** anstellen mussten. Doch das sahen die Fischer überhaupt nicht gern. „Es ging immer ums Geld", sagt Bernd Lange. „Es gab weder eine **FDJ-** noch eine **Parteigruppe** an Bord. Jeder dachte ausschließlich an seinen Verdienst." Und der regelte sich über den Fisch. Viel Fisch hieß viel Geld. Also hängten die **Fischer** noch eine Schicht dran, kletterten rüber auf den überlasteten Verarbeiter und leisteten **„sozialistische Hilfe"**. „Sechs Stunden stand ich dort am Transportband. Ich legte die enthäuteten und entgräteten Filets unter ein Lichtband, schaute nach, ob Würmer drin waren und schob sie weiter. Mit den Stiefeln stand ich tief in Fischinnereien wie in einer üblen Suppe. Das Schiff schwankte und die eklige Masse auch", beschreibt Lange die Situation und vernichtet damit auch die letzte Illusion von der christlichen – Pardon: **sozialistischen – Seefahrt**.

Doch es geht noch schlimmer. „In den sieben Jahren, in denen ich zur See fuhr, sind in meiner unmittelbaren Umgebung 13 Menschen ums Leben gekommen." Einem habe es beim Netzeinholen einen Arm weggerissen. Doch

Nur am Seemannssonntag ist manchmal ein bisschen Zeit für die Pfeife und den Fotoapparat.

es gab keinen Arzt an Bord. Mit dem Schlauchboot habe man den schwer Verletzten zum Mutterschiff fahren müssen. Dabei habe er wohl zu viel Blut verloren. Tragisch auch der andere Fall, der Bernd Lange noch im Gedächtnis blieb. So brach bei einer Reparatur im Dock Feuer auf dem Schiff aus. Einige Seeleute konnten sich durchs Bullauge retten. Nur der Koch schaffte es nicht.

Tatsächlich aber gab es auch schöne Erlebnisse. Den **Seemannssonntag** zum Beispiel, der an Bord gewöhnlich auf einen Donnerstag fiel. „Da lagen immer frisch gebackene Brötchen zum Frühstück auf dem Teller. Und mittags gab es **große Schnitzel** oder frischen Fisch. Der schmeckte ganz anders als der aus dem Fischladen. Ich habe ihn sehr gemocht", erzählt Bernd Lange. Und natürlich lernte er auch ein gutes Stück der Welt kennen, die anderen versagt blieb. „Mit 19, 20 Jahren war ich schon in **Kanada und Grönland** gewesen. Ich habe die **Freiheitsstatue** gesehen – wenn auch nur von Weitem", schwärmt der einstige Hochseefischer. „Für ein Vierteljahr legten wir unsere Netze vor **Florida** aus. Vor uns die glatte See, über uns die Sonne, und in der Ferne sahen wir die **Haifischzäune** vor den Stränden." Und mit einer Pause fügt Bernd Lange hinzu: ***„Ich war da, ich habe so vieles erlebt. Wer sonst hatte diese Gelegenheit – damals!"***

Dollar für den Duty-free-Shop

Etwa ein Vierteljahr dauert so eine Fangreise. Dann gibt es sieben bis zehn Tage Urlaub. Manchmal aber fahren die Schiffe auch länger, viel länger. „Nach neun Monaten Arbeit hatten wir zwei Monate frei." Die kann Bernd dann auch genießen. Sein Verdienst liegt mit etwa 2000 Mark monatlich erheblich über dem Durchschnitt. (Zum Vergleich: Ein Hochschulabsolvent bekommt etwa 650 Mark Anfangsgehalt in dieser Zeit.) Und das ist noch nicht alles: 20 US-Dollar gibt es obendrauf. Die kann Bernd im **Intershop** ausgeben oder gleich im **Duty-free-Shop** umsetzen. Dort liegen **Lee-Jeans** schon für 18 Dollar in den Regalen. Ist doch wohl klar, dass er so ein knackig enges Ding kauft. Und klar ist auch, was dann passiert.

Wann kommt der nächste Landgang?

„Seeleute hatten großen Schlag beim weiblichen Geschlecht. Sie kamen in der Welt herum, und sie hatten **Devisen**. Damit waren sie anderen Jungen um Längen voraus“, erinnert sich Bernd Lange lächelnd und liefert eine Episode dazu: „Einmal verlor ich beim **Jugendtanz** mein **Seefahrtbuch** auf der Tanzfläche. Jemand fand es und gab es an der Bühne ab. Als ich es dort holte, standen plötzlich etwa 15 Mädchen um mich herum und wollten mich auffordern.“

Fast 27 Jahre alt ist Bernd Lange, als er die Seefahrt an den Nagel hängt. Kaum ist er zu Hause, steckt auch schon der Aufruf zur **Musterung** im Briefkasten. Nur bis zum 27. Lebensjahr kann man zum **18-monatigen Wehrdienst** gezogen werden. Lange hofft, durch die Maschen zu rutschen. Entweder muss er sofort oder gar nicht zur Armee. Der Musterer macht einen dicken, roten Strich in Langes Unterlagen – also: „sofort“. Und weil der Seemann in den letzten Jahren so ein **zuverlässiger Staatsbürger** war, „darf“ er gleich an die **deutsch-deutsche Grenze.**

Jeans, Miniröcke und ein Leben in Cliquen

Tinka näht Klamotten wie auf den Bildern in der „Bravo“

Die **Jeans** tritt weltweit ihren Siegeszug an. Bernd Lange bekommt sie im **Duty-free-Shop**. In der DDR aber lässt sie sich vorerst so gut wie nicht blicken. Da ist **Bügelfalte** angesagt oder **straff gezogene Steghose**. In den Schulen sind Jeans über Jahre ganz verboten. Später dürfen sie zwar getragen werden – aber nicht in Kombination mit **FDJ-Blusen oder -hemden**. Bein und Po umhüllt von einem Produkt des Kapitalismus, Schultern und Brust gewandet in das blaue Bekenntnis zum Sozialismus – spätestens an der Gürtellinie hätte das zu Spannungen geführt.

Nietenhosen unerwünscht!

Immer weniger Mädchen und Jungen aber lassen sich in ihre Kleiderwahl reinreden. Sybille und ihre Freundin Gini kennen da eine Schneiderin. Tinka heißt sie und kam irgendwann aus Rumänien. **Echte Jeans** kann sie zwar auch nicht nähen, aber sie versteht die Mädchen nur zu gut. Nach Bildvorlagen aus der heimlich besorgten **„Bravo"** schneidert sie ausladende **Schlaghosen** und schicke **Miniröcke**. Mit einem verschmitzten Lächeln kaut sie dann auf dem Nähfaden herum, setzt die Brille auf beim Einfädeln und stichelt, Rumänisch vor sich hinbrummelnd, drauflos. Will man nicht Wochen auf das Kleidungsstück warten, empfiehlt es sich, gleich neben der **Nähmaschine** sitzen zu bleiben. Denn wenn Tinka ihre Kunden nicht leibhaftig im Nacken hat, geht sie liebend gern ihrer zweiten Leidenschaft nach: dem Fernsehen. Vom mittäglichen **Testfilm** über die **„Tausend Tele Tips"** bis zur Jugendsendung **„Bong"** oder der jüngsten Krimiserie **„Polizeiruf 110"** guckt sie alles, was da über die Röhre flimmert und raucht dabei ein Zigarillo nach dem anderen.

Doch die Mädchen kennen Tinkas Psyche. Sie schauen ihr auf die Finger und warten geduldig. „Schiekes Mädchen, scheenes Mädchen", lobt sie nach Stunden, wenn Hose oder Rock an Sybille und Gini genauso wie in der „Bravo" aussehen. Dennoch: Die Sehnsucht nach der knackigen Jeans bei den Mädchen bleibt.

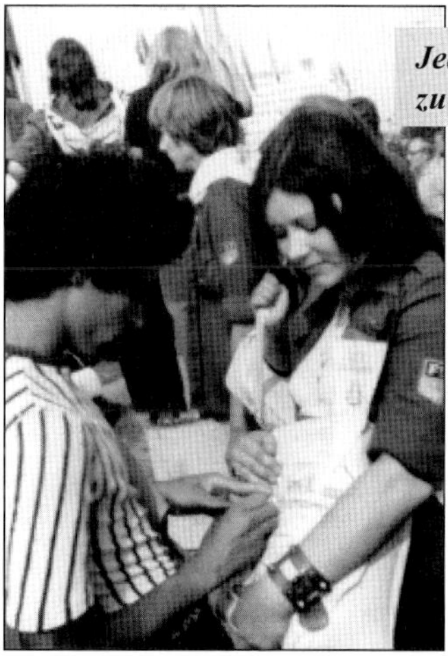

Jeans zur FDJ-Bluse darf Sybille erstmals zu den Weltfestspielen tragen.

Die Erlösung kommt mit den **Weltfestspielen der Jugend und Studenten** 1973 in Berlin. Die offizielle Kleidung der DDR-Delegation ist **Jeans und FDJ-Hemd**. Alles, was jung ist, atmet auf – aber nur kurz. Denn sofort stellt sich die Frage: Woher nehmen? In der **Jugendmode** tauchen die ersten Jeans-Hosen aus DDR-Produktion auf. Sie haben dieselben Konfektionsgrößen wie andere Hosen auch, sind dünn, schlabberig und beulen an Knie und Po schon nach den ersten Stunden aus. Das ist ärgerlich. Die jungen Leute murren. Der Staat antwortet mit den **Marken „Boxer" und „Wisent"**. Die sind recht akzeptabel, fest im Stoff und eng geschnitten. Doch ach, welch Unterschied noch immer zu den Originalen.

Hundert Westmark einfach so geschenkt

Eine Art Schwarzmarkt bildet sich. Irgendwie kennt immer jemand jemanden, der irgendwoher eine echte **Levi's** oder **Wrangler** besorgen kann. Aber etwa 200, 300 Mark sollte man schon bereithalten. Das können nicht viele. Im **Intershop** locken ganze Regale voller echter Jeans. Die sind gar nicht so teuer, liegen damals bei knapp 30 Mark. West natürlich, und schon haben wir das nächste Problem.

Sybille und Gini vor dem ersten Treffen mit den Jungen aus Westberlin.

In dieser Situation haben Sybille und ihre Freundin Gini eine Erscheinung. Sie verbringen gerade ein paar Tage in der **Hauptstadt**, schauen ins **Ägyptische Museum** und ins **Berliner Ensemble**. Alles ist kulturvoll und ganz brav. Da erscheinen diese beiden Jungen in der S-Bahn kurz vor dem **Alexanderplatz**. „Hallo", sagt der Kleinere von beiden und zwinkert Sybille zu. „Seid ihr aus dem Osten?" Die Mädchen nicken. „Na klasse", freut sich der Größere und setzt sich neben Gini. „Wir kommen aus **Westberlin** und wollten uns mal einen Tag den Ostteil ankieken. Ihr macht doch mit, oder?"

Sybille Herz rutscht eine Etage tiefer. Solche **Westkontakte** sind nicht gestattet. Das sieht Gini anders. „Klar", sagt sie lachend. „Dann machen wir uns mal einen tollen Tag." Und toll wird er. Die vier streifen durch Ostberlin und sitzen vor **der Mocca-Milch-Eisbar**. Kurz bevor sie abends wieder über die Grenze müssen, zieht einer der Westberliner einen Hunderter aus der Hosentasche. ***„Danke, dass ihr für uns Zeit hattet, und kauft euch ein paar ordentliche Jeans."*** Abgebrüht geht Gini in die nächste **Wechselstube in der Nähe der Mauer** und lässt den Geldschein teilen. Eine Woche später ist die **Wrangler** für 32 Westmark aus dem Intershop da. Sie sitzt (fast) wie angegossen. Den Rest soll **kaltes Wasser** richten. Mit der Jeans setzt sich Sybille in die volle Wanne und lässt sie dann am Körper trocknen. Die Wrangler bleibt fast zehn Jahre im Gebrauch und wird weitere zehn als Erinnerung im Kleiderschrank aufbewahrt.

Große Liebe in der Jugendbande

Heidi Skotnik nutzt andere Quellen. Sie schaut immer mal wieder in der **Jugendmode** vorbei oder im **Exquisit**. Und da sie keine Scheu hat, auf andere Menschen zuzugehen, bauen sich bald schon **gute Beziehungen** auf. Auch als künftige Zahnarzthelferin lernt sie den einen oder anderen kennen, der seinen Fuß im Handel hat. Ein knapper **Minirock**, ein **heißes Höschen** und ein gut sitzendes **Top mit Lurexfaden** – all das kombiniert mit den **hüftlangen, in der Mitte gescheitelten Haaren** – bringen Heidi schließlich auch einen guten Hinzuverdienst. An Wochenenden geht sie oft kellnern, vornehmlich in Klubhäusern bei Tanzveranstaltungen. Das schmucke, moderne Mädchen steckt immer ein gutes Trinkgeld ein. Damit kann sie dann wieder in der Jugendmode vorbeischauen, oder im Exquisit.

Lange Beine – kurzer Rock. Heidi erntet viele bewundernde Blicke.

Wenn Heidi mit ihren langen Beinen durch die Straßen läuft, folgen ihr viele Blicke. Nur ein Junge aber wird ihr wirklich wichtig: Wally. Lange, blonde Haare, schwarzer Pullover, graue Hose, keine Schuhe – so steht der Junge da vor dem Goethe-Kino. Heidi ist fasziniert. Sie spricht ihn an. „Wally war meine erste große Liebe. Ich habe es im selben Moment gewusst." Wally nimmt Heidi mit in eine ganz andere Welt. Eine, die verschwiegen wird zu DDR-Zeiten. Es ist die Welt der **Jugendbanden**. In Heidis Heimatstadt nennt man sie „Kannen". **Überfälle, Diebstähle, Einbrüche, Drogen, keine Arbeit** – das gibt es offiziell nicht. Doch die Mädchen und Jungen in den Kannen leben anders. Sie hausen in **Abrisshäusern**, haben nichts als ihre Klamotten am Leib und bestenfalls noch eine Matratze. Berüchtigt und gefürchtet ist die Freundschaftskanne. Sie taucht plötzlich mit ihren Motorrädern auf und verbreitet Angst. „Diese Leute waren echt kriminell", sagt Heidi. „Das ging von der Vergewaltigung bis zum Mord."

So ein Typ, der ganz anders war als die anderen, war für manche junge Mädchen durchaus reizvoll.

Heidi aber hat Glück. Wally bringt sie zur Goethekanne. Dort arbeitet zwar auch keiner, und es gibt bei denen politisch rechte Tendenzen. Aber wenigstens sind die 20 bis 30 Leute vom harten Kern, die in Abrissbuden kampieren, keine Schwerkriminellen. Und dann ist da ja noch Oma Celestine. Sie achtet darauf, dass das junge Mädchen zu Hause schläft. So entgeht Heidi den **nächtlichen Razzien durch Stasi und Polizei**. In den Kannenbuden ist es schmutzig. Hygiene spielt hier keine Rolle. Das Mädchen stört das erst einmal nicht. Sie benutzt die Gläser der anderen. Was sie nicht weiß: Etliche haben **Tripper**. In der **Poliklinik** werden sie regelmäßig behandelt. „Sie wurden dort eingesperrt wie im Knast", sagt Heidi. „Wir nannten die Klinik nur noch die ‚Tripperburg'."

Fast alle Kannenmitglieder sollen den Sprung in ein normales Leben auch später nicht geschafft haben. Heidi hat als Erwachsene nachgeforscht. „Alle Typen, die ich kannte, sind ganz unten geblieben." Wally nicht. Er und Heidi bleiben zusammen für einige Jahre. Wally holt die zehnte Klasse nach, geht arbeiten. Lange Zeit noch haben die beiden miteinander telefoniert. Dann ist der Kontakt eingeschlafen.

Tauschgeschäfte in der „Russenkaserne"

Süßigkeiten gegen Machorka-Tabak und Aktbilder

Bis Wolfgang Zerfass Schmetterlinge im Bauch hat, soll noch eine ganze Zeit vergehen. Doch der Bengel hat auch so allerhand um die Ohren. Jeder will etwas anderes von ihm, und irgendwie kann er es keinem recht machen. Nehmen wir nur Tante Eugenie. Das ist eine alte Jungfer, die fromm spielt. Früher jedenfalls soll sie in **Offizierscasinos** gesehen worden sein. „Nun kam sie jeden Sonntag in unsere Stadt, um in die Kirche der **Baptisten** zu gehen", erinnert sich Wolfgang. „Anschließend lud sie sich bei uns zum Mittagessen ein." Dabei wiederum habe sie auf dem **Tischgebet** bestanden, obwohl ansonsten keiner gläubig war – aber vielleicht klappte es ja bei Wölfchen. „Tante Eugenie gab mir eine Mark für jeden Besuch der **Christenlehre**." Die Geschichten aus dem alten Israel findet Wolfgang dann auch interessant, aber eben nicht fesselnd. „Ich brachte es auf ganze vier Mark." Eugenie gab auf.

Nicht so die **Staatsbürgerkunde-Lehrerin**. Pflichtbewusst will sie den Heranwachsenden die Segnungen des Sozialismus in der DDR ans Herz legen. Doch das Wölfchen hat da echte Defizite. Zu Hause wird so gut wie ausschließlich **Westfernsehen** geguckt. Gerade mal die Kindersendungen erlebt der Junge im Ostprogramm. Die **„Aktuelle Kamera"** (AK) schaltet Vater grundsätzlich erst ein, wenn das Wetter kommt. Vorher schimpft er aber noch mal herzhaft auf die **„Kommunisten, die alles kaputt wirtschaften"**. Mit „AK"-Wissen kann Wolfgang also nicht aufwarten. Seine ungeliebten Quellen fallen bald auf. ***„Der Wolfgang guckt über den Gartenzaun"***, verkündet die Lehrerin eines Tages betont freundlich in der Klasse. Damit kann der Junge nichts anfangen und erzählt es der Mutter. Die schlägt entsetzt die Hände vors Gesicht: ***„Oh Gott, was hast du in der Schule bloß erzählt."***

Unverdrossen feilt Mutter weiter an der Erziehung ihres einzigen Sprosses. Sie schickt ihn zur **Tanzstunde**. Drei, vier Mal geht Wölfchen auch hin. Dann beschließt er mit seinem besten Freund, den Cha-Cha-Drill zu schwänzen. Die beiden werfen sich zwar zur rechten Zeit in ihre Anzüge, gehen aber – zu einem Kumpel. Dessen Eltern **arbeiten in Schichten**. Das Trüppchen hängt ab und raucht seine **ersten Zigaretten**.
Und die sind nicht immer aus einheimischer Produktion. Für blauen Rauch sorgen auch die **in der DDR stationierten sowjetischen Streitkräfte**. Während die Mütter auf die **„Russenmagazine"** schwören, die in der Nähe der Kasernen auch für deutsche Kunden geöffnet sind und solche Leckereien wie **russisches Konfekt, Ölsardinen oder Tomaten in der Büchse** in den Regalen haben, laufen ihre Söhne direkt zur **„Russenkaserne"**. Am Tor tauschen sie ihre Süßigkeiten gegen russischen **Machorka-Tabak** und **Aktbilder**. Woher die Soldaten die Bilder haben, interessiert keinen.

Überhaupt ist der jetzt gerade mal 13-jährige Wolfgang schon erfahren in Tauschgeschäften. Einst hatte der Vater seinem Jungen eine **Briefmarkensammlung** angelegt, hatte ihn sogar ganz ordnungsgemäß als Sammler angemeldet. Wolfgang lernt, die Marken zu sortieren und ins Album einzuschieben. Ein paar Jahre geht das gut. Dann tauchen die ersten **Indianerfiguren aus dem Westen** in den Kinderzimmern auf. Wölfchen tauscht seine komplette Briefmarkensammlung gegen vier Indianer. „Es setzte Dresche, und ich musste die Sammlung zurückkaupeln."

Im Übungslager mit der Mädchentanzgruppe

Plötzlich aber scheint es, als würde der wilde Wolfgang brav. Ein **Orchesterleiter** kommt an die Schule und wirbt für Nachwuchs. Vater spielt Klarinette, Horn, Posaune, Zither, Gitarre und Mandoline. Ein bisschen kennt sich der Junge da auch aus. Vater bestärkt ihn: „Junge, du hast eine kostenlose Ausbildung, und das Instrument gibt es noch dazu." Wolfgang nickt und greift zur **Klarinette**. Im ersten Jahr findet der Unterricht in der Schule statt. Der Lehrer Rudi Zucker, der ansonsten am **Konservatorium** lehrt, bemerkt Wolfgangs Talent. Er lädt Eltern und Sohn zu sich nach Hause ein. „Ich sah zum ersten Mal eine **Altbauwohnung**", erinnert sich Zerfass. Zucker will den begabten Nachwuchsklarinettisten im Konservatorium sehen. Die Eltern sind geschmeichelt. Doch der Bengel lehnt ab. „Kind sein war mir wichtiger."

Vater Zerfass hat viele Instrumente gespielt. Beizeiten wird auch Wölfchens Interesse geweckt. Später trägt er die schmucke Uniform des Chemiekombinats-Blasorchesters.

Die Alternative heißt **Blasorchester im Chemiekombinat**. Einmal pro Woche fährt Wolfgang zum Orchesterunterricht übers Land. Üben muss er nicht. Das Spielen fällt ihm leicht. Nur manchmal ist er neidisch, wenn seine Freunde zum Baden gehen, und er zur Probe muss. Dafür aber darf er eine **Uniform**

mit hellblauen Revers und hellblauen Seitennähten an der Hose tragen, darf bei der **Maidemonstration** und beim **Republikgeburtstag** am 7. Oktober und manchmal auch beim Zookonzert aufspielen. Und im Übrigen erzählten die Älteren schon von Mädchen. „Das war spannend."

Beim Erzählen bleibt es nicht. Einmal im Jahr fahren die jungen Musiker ins **Probelager**. Die zwei Wochen in den Ferien sind wie ein zweiter Urlaub. Immer geht es ins **Ostseebad Glowe**, wo das Kombinat ein eigenes **Ferienlager** unterhält. Die Musiker wohnen in einer riesigen Baracke. Tagsüber proben sie die **„Hessischen Tänze"**, den **„Yorkschen Marsch"** und **Arbeiterkampflieder**. Der Abend ist frei. Der Zufall will es, dass eines sonnigen Sommers auch die zum Kombinat gehörende **Mädchentanzgruppe** ins Probelager kommt. Schon Tage vorher bestimmt das Thema die Gespräche der jungen Musiker. Die Mädchen ziehen in die Baracke nebenan. Man trifft sich. „Die Tänzerinnen waren gut gebaut und haben **rumgeflirtet**", erinnert sich der damals 14-Jährige.

Im Übungslager Glowe trifft Wolfgang die hübsche Daniela aus der Mädchentanzgruppe.

Und auch an Einzelheiten: „Ein Mädchen war total hübsch. Sie war klein und zierlich, hatte schulterlanges, dunkles Haar und hieß Daniela. Ich war total verliebt." Glücklicherweise hat auch Daniela ein Auge auf den ein Jahr jüngeren Wolfgang geworfen. Auf der Heimfahrt beginnt im Zug eine heftige Schmuserei. Es folgen gegenseitige Besuche. Daniela wohnt im **Neubauviertel**. Tapfer nimmt Wölfchen die Kilometer bis dahin unter die Füße – am liebsten jeden Tag. Dennoch geht die Beziehung jäh auseinander. Nach der zehnten Klasse geht Daniela weg. „Wegen der **Berufsausbildung** zog sie in irgendein **Internat**", sagt Zerfass. „Ich habe sie seither nie wieder gesehen."

Schwungvoller Handel mit Weststar-Fotos

Soldatensender und Beat-Club sind Favoriten

Immer wichtiger wird die Musik für Wolfgang. Sein Interesse erschöpft sich freilich nicht in Marsch- und Orchesterstücken. Heiß geliebt bei ostdeutschen Jugendlichen ist das Programm des **Deutschen Soldatensenders**. Er versorgt die **Beat- und Rockfans** mit der Musik, die angesagt ist. Viele schneiden die Titel übers **Tonband** mit. **Aufgenommen wird mit Mikrofon**. So ist man für alle Arten von Feten bestens ausgerüstet. Klar wissen die Mädchen und Jungen auch, wann Sendungen wie die **ZDF-Hitparade**, die **„Disco“ mit Ilja Richter** oder der **„Beat-Club“** im Westfernsehen laufen. Klaus-Dieter Kühner zum Beispiel schaut ihn regelmäßig bei einem Freund. Zum „Beat-Club“ trifft sich dort die ganze Clique.

Der „Beat-Club“ war für junge Leute in den 70ern eine beliebte Sendung im Westfernsehen.

Schwierig wird es mit **Platten und Postern**. Es gibt **Lizenzproduktionen**. **Amiga** bringt zum Beispiel Titel von den **Beatles** heraus, von **Peter Maffay** oder **ABBA**. Doch die Plattenzahl deckt den Bedarf bei weitem nicht. Man muss schon jemanden gut kennen im Plattenladen oder zur rechten Zeit am rechten Ort sein, um eine Scheibe zu ergattern. Steht vor dem Plattenladen eine **Schlange**, kann man sicher sein, dass es Westmusik gibt. Dann heißt es anstellen und beten, dass der Vorrat reicht.

Die Dunkelkammer in der Küche

Unterdessen floriert der Handel mit Fotos von Bands und Rocksängern. So manches **Westpaket** enthält nicht nur **Milka-Schokolade, Jacobs-Kaffee oder Lux-Seife**. Versteckt sind mitunter auch **„Bravos“**, die – bis sie vollends zerfleddert sind – unter der Hand weitergereicht werden. Wolfgangs Vater fotografiert die Starbilder ab. Der Mann mit den goldenen Händchen hat sich selbst ein **Repro-Gestell** gebaut. Sein Fotoapparat und die wertvollen **Objektive von Zeiss Jena** entsprechen dem neuesten Stand. Teils hat er die Ausrüstung gebraucht gekauft. Wolfgangs Vater ist Mitglied im **Fotoklub des**

Kulturbundes. Alles Mögliche hält er dokumentarisch im Bild fest. Und natürlich erfüllt er auch die Wünsche seines einzigen Sohnes.

„Es war jedesmal ein Riesenaufwand“, erinnert sich Zerfass. „Vater fotografierte mit seiner **‚Practika'** so an die 50 Bilder ab und entwickelte sie auch gleich selbst.“ Die **Dunkelkammer** ist in der kleinen Küche. Ist Vater drin, heißt es: „Betreten verboten“. Stürzt die Mutter dann doch aus Versehen mal hinein und öffnet die Kühlschranktür, sind die Bilder futsch. „Dann gab es immer ein Riesentheater.“ Nach der **Entwicklung** schwimmen die Bilder in der Badwanne. „Vater ließ dann niemanden ins Bad – über Stunden.“ Trocken werden die Bilder auf der Couch, um dann mit einer **Gummiwalze** auf der Glasplatte des Couchtisches geglättet zu werden. Mit anderen Worten: So eine Filmentwicklung beeinträchtigt das Familienleben nachhaltig. Dafür bringen die Fotos von den **Lords, den Kinks, den Stones oder Manfred Mann** – jeweils in Postkartengröße – zwischen 50 Pfennig und einer Mark pro Stück. Vater Zerfass will davon nichts haben.

Musikverstärker der Marke Eigenbau

Klaus-Dieter Kühner versucht es derweil mit einem seriösen Leben. Er studiert Mathematik. Vier Jahre lang sitzt er im Hörsaal, dann wird er als **Industriemathematiker** in ein großes Chemiekombinat vermittelt. Die Musik aber

Mit dem „Vokalexpress“ tritt Klaus-Dieter Kühner im DDR-Fernsehen auf und wird (fast) ein Star.

hat ihn nicht losgelassen. Mit dem **„Vokalexpress“** ist er durch die Lande getourt. Die sechs Sänger (drei Frauen, drei Männer) haben ihre ersten Rundfunkaufnahmen. Auf der **Ferienwelle Rostock** singen sie Titel von „Middle of the road“ und solche Stücke wie „Blowing in the wind“. Die Gruppe wird für Programme der **Konzert- und Gastspieldirektion** engagiert. Und auch für das **Festprogramm des Bezirkes zu den Weltfestspielen** der Jugend und Studenten 1973 in Berlin. Nach dem Auftritt schlendern die Musiker noch durch die nächtliche Stadt. „Auf einer Bank am Alex saß ein Liebespaar. Wir umringten die beiden und sangen den **Frank-Schöbel-Titel ‚Die Sprache der Liebe ist leis’**. Das war ein wunderschöner Moment.“

Obwohl Klaus-Dieter Kühner keine Übernachtungsmöglichkeit hat, bleibt er noch ein paar Tage in Berlin. „Ich schlief auf einer Bank im U-Bahnhof.“ Das Flair zieht den Musiker an. ***„Menschen aus der ganzen Welt waren da. Aus einer Welt, von der wir so gut wie nichts sehen durften. Wir konnten nicht hinaus, aber die Welt war zu uns gekommen. Das habe ich in den paar Tagen richtig genossen.“***

Bald nach seinem Studium ist Kühner klar, dass ihn die Mathematik allein nicht glücklich machen wird. Und er beantragt einen **Berufsausweis als Musiker**. Doch so einfach ist das nicht in der DDR. Den Ausweis gibt es nur, wenn das Abschlusszeugnis einer Musikschule vorliegt. Also geht Kühner zum zweiten Mal aufs Konservatorium, belegt die Fächer Musiktheorie und Gesang. Er bekommt den Ausweis. Die **„Anstalt zur Wahrung der Aufführungsrechte“** wacht über die Mischung von **40% West-** und **60% Ostmusik**. „Doch der **Ostrock** war wirklich gut. Wir spielten Titel von **‚Illes’** und **Zsuzsa Koncz**. Wir spielten **Schöbels ‚Mädchen, du bis schön’** und vieles mehr. Aber wer richtig Erfolg haben wollte, musste überwiegend Westmusik spielen.“ Und die muss außerdem auch noch „zugelassen“ sein in der DDR. Es sind also Titel, die im **Rundfunk-Jugendsender „DT 64“** oder in der **Fernsehsendung „Rund“** laufen. „Smokie“ gehören dazu oder „Hot Chocolate“.

Wer wie ein Beatle spielt, muss auch wie ein Beatle aussehen.

Die Gage reicht vorn und hinten nicht. Ordentliche Verstärker sind nicht drin. Über die **Zeitung „Melodie und Rhythmus“** bieten DDR-Bands, die mal im Westen gastieren durften, mitgebrachte **Westverstärker** an. „Die stellten sich bald als Schrott heraus“, erinnert sich Kühner. Dann lernen die Musiker beim Auftritt in einer „Rund“-Sendung die „Soulful Dynamics“ kennen. „Einer der Sänger verguckte sich in eine unserer Sängerinnen. Er versprach die heiß ersehnten Verstärker.“ Auf der Autobahnraststätte sollen sie übergeben werden. „Wir warteten vergebens.“

Mangels Beziehungen baut der Techniker der Band die Verstärker schließlich selbst. Mit zweifelhaftem Ausgang. „Eines Abends bekam ich auf der Bühne einen Schlag“, so Kühner. „Ich hatte das Mikro mit den Lippen berührt und gleichzeitig in die Gitarrensaiten gegriffen. Die Gitarre flog weg, und ich kippte um.“ Derlei Unfälle muss es öfter gegeben haben. „In der **‚Melodie und Rhythmus’** las ich damals, dass es sogar Tote gegeben haben soll.“ Kühner verkleidet das Mikro fortan sicherheitshalber mit einem Taschentuch. Und dabei belässt er es auch gern, als er später in der **Gruppe „Automobil“** mitmischt. Die übrigens hat zuvor mit einer ausgeflippten, aber weltweit eher unbekannten Sängerin zusammengearbeitet. Erst nach der Übersiedlung in den Westen wird das Mädchen richtig berühmt: als **Punk-Lady Nina Hagen**.

Junge Ehe in alter Wohnung

Hochzeitstermin nach zwei Wochen

Der Sportler Werner Wirtz ist sesshaft geworden. Er ist Mitte 20 und lebt noch immer in der **Teilwohnung** seiner Eltern. Doch er ist allein. Die Eltern sind nicht mehr da, der Bruder ist weggezogen. Eines Tages lernt Werner ein Mädchen kennen. Sie ist vier Jahre jünger und kommt zu Hause gar nicht mehr klar. Zwei Wochen später zieht sie bei Werner ein.

Ganz kurz entschlossen geheiratet haben Werner und Sylvia.

Von einem Tag zum anderen schlägt das Wohlwollen der Mietparteien im Hause um: **„Zusammenleben ohne verheiratet zu sein? Das war unanständig“**, sagt Wirtz. „Man hat uns gerade noch notdürftig gegrüßt. Eine Unterhaltung war unmöglich.“ Das halten die beiden nicht lange aus. Schon 14 Tage später holen sie sich **beim Standesamt einen Termin**. Es ist Februar. Der frühestmögliche Hochzeitstag liegt im Juli. So lange muss es eben noch in **wilder Ehe** gehen.

Werner und Sylvia modernisieren mit ihren gemeinsamen Freunden derweil die alte Wohnung. Fast nichts ist hier passiert seit Werners Kindheit. Gerade mal neue Fenster hat das Haus bekommen. Und das war es auch schon. Die jungen Leute legen **Elektroleitungen unter Putz** und bauen wenigstens in eines der bislang noch immer mit Kohle beheizten Zimmer einen **Gamat-Außenwandheizer** ein. Der funktioniert mit Gas und muss vom Denkmalschutz genehmigt werden. Denn zum Heizer gehört zwingend eine Öffnung in der Mauer. Die anderen Zimmer wärmen die zwei Verliebten noch immer mit **Kohle**. Werner schleppt sie einmal in der Woche **aus dem Keller** hoch und stapelt sie in die **Kohlenkiste** hinterm Vorhang auf dem Flur. **Warmes Wasser** läuft aus dem **Fünf-Liter-Elektroboiler** in der Küche. Ein Bad gibt es noch immer nicht. „Die Mieter über uns haben eine **Duschkabine in die Küche gestellt**. Aber dafür reichte unser Platz nicht.“ Bis auf den Fußboden hat sich fast nichts geändert in der Küche. Die Wohnungsgesellschaft hat die alte Dielung mit **Hartfaserplatten** abgedeckt und **blaues Linoleum** darüber verlegt. Werner und Sylvia kaufen ein paar Büchsen **Purlack** und streichen die alten Küchenmöbel von Werners Eltern weiß. **Blau-weiß karierte Gardinen** kommen an die Fenster. Unter dem Tisch liegt eine naturfarbene **vietnamesische Bastmatte**. „Die Küche sah richtig puppig aus“, sagt Wirtz.

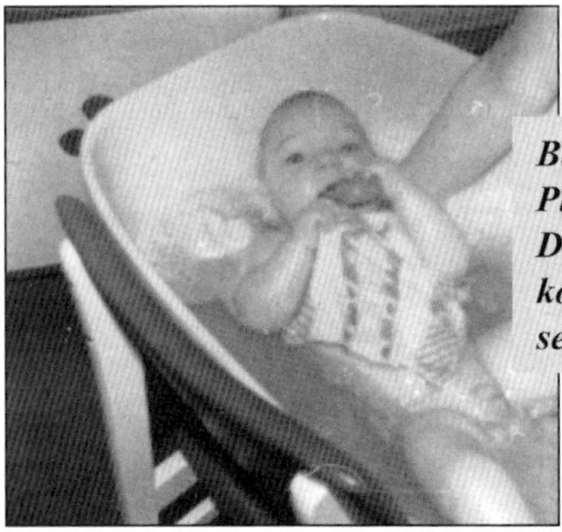

Baby Alex Wirtz badet in der Plastikwanne auf dem Stuhl. Die kleine Familie ist nun komplett und auch ein Fernseher ist angeschafft.

Ein Jahr später kommt Söhnchen Alexander zur Welt. Das Paar teilt vom riesigen Wohnzimmer ein Kinderzimmer ab. Dennoch fühlt sich die Familie nicht mehr wohl in der Teilwohnung. Ohne Waschmaschine und Bad kann von Komfort keine Rede sein. Zudem muss man gemeinsam mit der zweiten Familie in der Teilwohnung die einzige Toilette auf dem Flur nutzen. Es gibt immer wieder Streit. „Ich arbeitete damals bei der **Technischen Gebäudeausrüstung** (TGA) und machte Druck", sagt Wirtz. Zum Glück lässt die **Zuweisung** für eine **Dreiraum-Neubauwohnung** in der Vorstadt nicht allzu lange auf sich warten. Endlich kann Frau Wirtz auch eine **Waschmaschine vom Typ „WM 66"** aufstellen. Dazu zieht eine **Tischschleuder** in den Haushalt ein. Das kleine, runde Ding springt immer mal davon, sobald die Deckklappe mit einem Hebel verschlossen wird. Doch das macht nichts. Man muss die Schleuder eben nur rechtzeitig festhalten oder sich am besten gleich draufsetzen.

Die Nöte als Mitglied einer betrieblichen Ferienkommission

Die Urlaubswünsche von Werner Wirtz gipfeln im **Camping**. Alle Jahre wieder geht es mit dem **Trabant in Richtung Süden**. Der **Böhmerwald** und die

Werner Wirtz ist Camper aus Leidenschaft. Mit Trabi und Zelt geht es meistens in die Tatra.

Tatra sind das Ziel. Anfangs wird noch ein großes Zelt eingeladen, der Campingtisch kommt aufs Dach. „Später ließen wir sogar die Luftmatratzen zu Hause und schliefen auf dem Boden. Schließlich musste der Trabi die Berge hochkommen.“ Das tut er dann auch – meistens im ersten Gang. Und geht es geradeaus, schafft der **Plastikbomber** mit Urlaubsgepäck gute 60 bis 70 Stundenkilometer. Zwischenstation nach dem ersten Fahrtag ist in der Regel der erste Campingplatz hinter der Grenze. Am nächsten Morgen geht es weiter. „Waren wir endlich am Ziel, konnten wir eigentlich schon wieder an die Rückfahrt denken.“ Verwöhnt sind die Campingplatznutzer nicht. ***„Oft gab es erst ab 18 Uhr warmes Wasser zum Duschen. Und 18.30 Uhr war es schon wieder alle. Na, dann duschten wir eben kalt, und das ging auch. Wir waren abgehärtet.“***

Eines der wichtigsten Ausrüstungsutensilien ist der **Propangas-Campingkocher**. Auf dem kocht man abends Nudeln. Propangas kann man in der CSSR nachfüllen. Doch die Ausgaben wollen gut überlegt sein. „Pro Tag durften wir pro Person nur **30 Ostmark in 90 Kronen tauschen**. Das musste reichen für Proviant, Sprit und die Campingplatzgebühren.“ So ist es günstig, wenn möglichst viele mit in den Urlaub fahren.

Überzeugungs-Camper Wirtz hat einen Riesenvorteil. Er ist nicht scharf auf einen der wenigen **FDGB-Ferienplätze**, die alljährlich vom Betrieb TGA an die Mitarbeiter vergeben werden. Ohne eigene Interessen passt der Mann ideal in die **gewerkschaftliche Ferienkommission** der Technischen Gebäudeausrüstung. „Die Ferienkommission bedeutete zwei, drei Tage straffe Arbeit. Wir hatten eine Anzahl Ferienplätze von der Gewerkschaft in **FDGB-Heimen** zur Verfügung. Dazu kamen die Plätze in **Betriebsferienheimen** und die Plätze im **Kinderferienlager**, das außerhalb der Ferien auch von Erwachsenen belegt wurde“, zählt Wirtz auf. „Doch das konnte keinesfalls für alle reichen. Kurz vor der Vergabe waren also alle in der Firma unheimlich freundlich zu mir.“

Auf der einen Seite also eine begrenzte Zahl von Ferienplätzen – auf der anderen Seite aber eine Unmenge von Anträgen. Verständlich in dieser Zeit, denn im Gegensatz zu den von **„Jugendtourist“** oder **„Reisebüro“** angebotenen Plätzen im In- und sozialistischen Ausland sind die betrieblichen und gewerkschaftlichen Urlaubsplätze zwischen Ostsee und Erzgebirge für Otto Normalverbraucher bezahlbar. Und mangels weiterer Alternativen (außer Camping natürlich) außerordentlich begehrt. „Wir in der Ferienkommission schauten also, wer in den vergangenen Jahren schon Plätze bekommen hatte und wer nicht. Winterplätze durften nicht gegen Sommerplätze aufgerechnet werden. **Kinderreiche Familien** hatten größere Chancen als kinderlose. Wer sich über vier, fünf Jahre mit **Anträgen auf einen Ferienplatz** zurückgehalten hatte, war nun bevorzugt dran, und so weiter, und so weiter. Es war eine unglaubliche Puzzlearbeit und ein Hin- und Hergefeilsche. Und anschließend musste man auch noch erhobenen Hauptes durch die Abteilungen laufen können", schildert Wirtz seine Nöte.

Einmal aber hat er selbst ganz unverhofft Glück. „Ein Platz wurde tatsächlich zurückgegeben: Eine Woche Winterurlaub im berühmten und hochmodernen **Interhotel ‚Panorama' in Oberhof**." 70 Mark pro Tag und Nase habe er gekostet. Im Vergleich zu FDGB-Plätzen ziemlich viel. Doch ins „Panorama" zu kommen, war fast wie ein Fünfer im Lotto. „Ich hätte durch den Betrieb gehen und die Leute fragen können, wer den Platz möchte. Das tat ich wohlweislich nicht. Ich nahm ihn selbst." Und dann sei in dem teuren Hotel auch nicht alles so toll gewesen. Das Frühstück – von sieben bis elf Uhr angesetzt – sei schon um 9.30 Uhr restlos verspeist gewesen. „Wir zahlten also pro Frühstück und Nase noch einmal zehn Mark drauf und bekamen unser Essen alsdann extra serviert."

Viele Umwege führen zu „Electra"

Kunden trampen quer durch die Republik

Er ist im Rüpelalter, als Wolfgang Zerfass' Interesse an Klarinette und zünftigen Märschen leicht nachlässt – nicht aber sein Interesse an Musik. Nur hört sich die jetzt anders an. **Ostrock** ist angesagt. **„Electra"** und **„Stern Meißen"** heißen seine Favoriten. Das Problem ist nur: So richtige Konzerte geben die noch nicht. Sie spielen zu **„Tanzveranstaltungen"** auf, meist auf irgendwelchen Dörfern. Und diese Termine wiederum tauchen in keinem Kalender und keiner Vorschau auf. Von Mund zu Mund geht die Rede von Auftritten der Idole in so aufregenden Orten wie Großkühnau oder Gaschwitz. Und die Fangemeinde macht sich auf den Weg.

Sein erstes Abenteuer dieser Art erlebt Wolfgang am Rande eines „Electra"-Auftrittes. Zunächst fährt die Clique **schwarz mit der Bahn**. „Wir rannten mit dem Schaffner um die Wette, stiegen hinten aus und vorn wieder ein." Das Gerücht führt die Jungen nach Delitzsch. „Als wir ankamen, hieß es: Irrtum, ‚Electra' soll ein paar Kilometer weiter in Glesien gesichtet worden sein." Es ist Winter, Autos fahren kaum, Trampen klappt nicht. Dann kommt ein Bus. Doch leider zu spät. Als die Clique endlich ankommt, ist die Band fast fertig. Immerhin reicht die Zeit für Wolfgang noch, um den Mann mit dem Saxophon anzuhimmeln. So ein Instrument will er auch spielen.

Im Moment aber bleibt ihm keine Zeit für Träume. Mitten in der Nacht stehen die Jungen auf einem schneebedeckten Acker. Keiner weiß, wo sie eigentlich sind. Keiner hat eine Ahnung, in welche Richtung es nach Hause geht. „Wir liefen einfach drauflos. Irgendwann kamen wir an die Autobahn.“ Doch welche Richtung jetzt einschlagen? „Wir liefen hin und her, kein Auto hielt um diese Zeit.“ Es dauert lange, bis sie endlich ein Lkw mitnimmt.

Wolfgang trampt zu den Auftritten seiner Lieblingsbands.

Abschreckend ist das Erlebnis indes nicht. Schon wenig später macht sich Zerfass wieder auf den Weg. In Crimmitschau soll ein **Open-Air-Festival** sein. Also wieder schwarzfahren, trampen, unterwegs Essen klauen, in Scheunen oder gleich auf dem Waldboden übernachten. Das klappt gut. Es ist warm, und es sind Ferien. Also geht es gleich weiter zum nächsten Konzert nach Dresden – und dann soll ja in Berlin auch noch was los sein, sagt man. „Man traf immer die gleichen Fans“, erzählt Zerfass. „Damals nannten wir sie **‚Kunden‘**. Viele hatten **Tornister aus dem Ersten Weltkrieg** dabei. Ich hatte einen Förster-Rucksack.“ In Berlin hat einer der ‚Kunden‘ seine Wohnung für Übernachtungen zur Verfügung gestellt. „Doch er war nicht da. Ich wartete die ganze Nacht vor der Tür.“ Wolfgang plagt der Durst. „Mit dem Zahnputzbecher schöpfte ich Wasser aus einer Pfütze und trank das.“

Vater hat was gegen das Mädchen im Bett

Die Sache mit dem Saxophon lässt Wolfgang keine Ruhe. Es ist nur eine Frage der Zeit, bis das Multitalent auch darauf lupenreine Töne produziert. Damit empfiehlt sich Wölfchen bei einer Band namens **„Rengering“**. Als die im örtlichen **Jugendklubhaus** spielt, darf er schon ein bisschen mitmischen. „Ich war wichtig.“ Beim Luftschnappen vor der Tür spricht ihn ein Mädchen an. Carola ist 19, drei Jahre älter als Wolfgang. Sie lässt sich nach dem Konzert **„abschleppen“**. Auch die anderen Bandmitglieder nehmen Mädchen mit. Man zieht zur **Kellerwohnung** eines Musikers. „Max Willi hatte eine echte **Absteige**“, meint Zerfass. „Vor der Tür standen die Mülltonnen, Ratten liefen herum. Vom Flur ging eine winzige, dreieckige Küche ab – nicht größer als ein Abort. Dahinter lag so eine Art Wohnzimmer. Wenn es regnete, lief das Wasser rein. Der Teppich schwamm als Erstes. Man musste außen herum laufen.“ Doch alle schaffen es irgendwie auf die **Oma-Sessel**. Es wird ordentlich gebechert. Die Mädchen schlafen ein. „Einer holte einen Eimer kaltes Wasser und goss es über die Mädchen und die Sessel.“ Später sitzt Wolfgang mit Carola vor der Tür. Das ist auch besser so, denn drinnen werfen die Musiker inzwischen Messer gegen die Tür.

Erst gegen Morgen zieht Ruhe ein. Fast alle schlafen. Der Alkohol wirkt. Nur Wolfgang und Carola sind noch wach, aber todmüde. Wolfgang nimmt Carola mit nach Hause. „Die Eltern schliefen noch, so schien es jedenfalls. Ich zog das Mädchen heimlich durchs Fenster in mein Zimmer. Zum Glück wohnten wir parterre. Carola schlief in meinem Bett sofort ein.“ Doch für Wolfgang soll die Nacht noch immer nicht zu Ende sein. Mutter ruft ihn plötzlich auf den Flur. ***„Sieh zu, dass das Mädchen wegkommt“***, schimpft sie. ***„Wir sind doch hier kein Puff“***, pflichtet ihr der Vater bei.

Ein Puff? Der Vater scheint die Situation vollkommen zu verkennen. Nichts ist passiert. „Ich dachte, in meinem Alter könnte ich schon mal ein Mädchen mit nach Hause bringen. So etwas hatte ja bis zu diesem Zeitpunkt überhaupt noch keine Rolle gespielt. ***Das Thema Sex war bei meinen Eltern ohnehin tabu. Ich wurde nie aufgeklärt.***“ Nun, Carola hat wohl wenig später dafür gesorgt. Natürlich nicht in Wölfchens Zimmer, so viel ist wohl klar. Max Willi hatte ganz leger den Schlüssel für seine Kellerwohnung rübergereicht.

Das kurze Leben eines Panzersoldaten

Zum Geburtstag in den Bau

Sybille Scholz bekommt ihr zweites Kind und muss den **zinslosen Ehekredit vom Staat** nun nur noch zur Hälfte zurückzahlen. Sie kann ein Jahr zu Hause bleiben, bekommt ihr Gehalt weiter. Und der Arbeitsplatz wartet auch. Werner Wirtz' Sohn geht in den Kindergarten, Heidi Skotnik hat ebenfalls eine kleine Familie, und Klaus-Dieter Kühner lernt seine erste Frau bei einem Fernsehauftritt in Rostock kennen. Genau das ist die Zeit, als Wolfgang Zerfass, der Jüngste im Bunde, „**seinen Ehrendienst in der Nationalen Volksarmee** antritt“ – wie es damals offiziell heißt. Den Sinn der Sache kann er nicht ganz nachvollziehen. Schließlich ist er eher pazifistisch eingestellt. Und er hat Verwandte im Westen. Soll er im **„Ernstfall“** auf die schießen?

Doch danach wird nicht gefragt. Für eineinhalb Jahre ist nun das **Panzerregiment** in Cottbus seine Heimat. „Das Leben eines deutschen Panzersoldaten ist kurz, aber gewaltig“, brüllt der Stabschef zur Begrüßung und auch sonst bei jeder Gelegenheit. „Die Armeezeit war der absolute Alptraum meines Le-

Panzersoldat Zerfass soll die DDR schützen. Für Musik hat er nur noch Zeit, wenn er allein auf der Bude ist. Doch das kommt fast nie vor.

bens", sagt Zerfass. Mit weiteren fünf Mann haust Wolfgang in einem Raum. Sechs Tage Urlaub hat er im Halbjahr. Ausgang gibt es in der ganzen Zeit vier oder fünf Mal. „Plötzlich waren die alten Freunde, war die Familie weg. Wir waren nie allein, wurden nur angebrüllt in der ersten Zeit", erzählt er. Das sei echt deprimierend gewesen. Einmal steigt Wolfgang mit einem Kameraden in der Dunkelheit durch den Zaun. Es ist der Abend vor seinem Geburtstag. Beide wollen etwas essen gehen, ein Bierchen trinken in der Kneipe im Dorf. Bei der Rückkehr – auf gleichem Wege – werden sie erwischt. Einer der Unteroffiziere ballert gleich los. Glücklicherweise trifft er nicht. Wolfgang aber verbringt seinen Geburtstag wegen **„UE" (Unerlaubtes Entfernen)** im **Bau.**

Vor dem Wochenende ist **Putzen** angesagt. Das heißt Staub wischen, Waschräume und Toiletten reinigen, Fenster putzen. „Auf den ewig langen Fluren muss-

Das soll tatsächlich Humor sein: Außerhalb des Drills treiben auch Werner Wirtz und Kameraden „Spielchen" mit Waffe und Gasmaske.

ten wir den **Dreck aus den Ritzen kratzen**, dann wurde gebohnert." Am Samstag ist Abnahme. Gibt es Beanstandungen, wird die Putzerei abends noch einmal durchgezogen. Kommt die Schikane nicht von oben, denken sich die Soldaten selbst ein paar böse Spielchen aus. Die **„Schildkröte"** zum Beispiel. Dabei werden einem Rekruten **Stahlhelme an Knie und Ellenbogen** gebunden. Dann stößt man ihn über den Flur bis er an die Wand kracht, immer wieder.

Freilich gibt es auch eine **Ausbildung**. „Gleich als Erstes lernten wir **schießen, marschieren und grüßen**." Der Tag beginnt mit einem **3000-Meter-Lauf** vor dem Frühstück. Alle halbe Jahre wartet der **Härtetest**. Das sind 15 Kilometer im **Eil- oder Sturmschritt**. Die Hälfte davon muss unter der **Gasmaske** bewältigt werden. Höhepunkt ist die **Sturmbahn**. „Da klappten einige ab."

Bei der Elbdurchquerung ertrunken

Nach einem halben Jahr wird es etwas besser. Wolfgang ist ein guter Schütze. Er wird **Richtschütze**. „Ich saß im **‚T 55'**, guckte durchs Rohr und drückte auf den Knopf. Das war wenigstens keine schwere körperliche Arbeit." Und eigentlich hätte er sich mit diesem Los arrangieren können, wären da nicht diese immer wiederkehrenden **Taktik- und Schießübungen im Gelände**. Die finden meist in ehemaligen, **aufgeforsteten Tagebauen** statt. „Tagelang lagen wir im Dreck, wussten oft nicht, wo wir waren." Dann klappt die Verpflegung nicht. „Wir hatten schon zwei Tage ölverschmiert im Panzer gehaust. Es gab nichts zu essen. Wir hatten gehört, dass der Verpflegungs-Lkw kaputt auf der Strecke lag." Aber dann kommt er doch noch. Irgendwo läd er seine Fracht ab. „Ich schleppte einen Riesenbrotlaib, vier **Kochgeschirre** mit Grießsuppe, ein paar Stück Butter und Wurst rund 500 Meter zurück zum **Panzer**", erinnert sich Zerfass. Kurz vor dem Panzer fällt alles außer der Suppe auf den Sandboden. „Wir lasen es auf und aßen es trotzdem. Wer wusste schon, wann das Nächste kam und wie lange wir hier überhaupt noch festsaßen."

Mögen Wolfgangs Kameraden diese Sache vielleicht noch locker gesehen haben, die **Elbdurchquerung** aber trieb ihnen den Angstschweiß auf die Stirn. Mit dem Panzer sollte es durch den Fluss gehen. Einfache **Taucheranzüge** sollen die Insassen schützen. Die Order: Wenn der Panzer aus irgendeinem Grund unter Wasser stehen bleibt, wird er geflutet, damit die Soldaten rauskommen können. „Uns ging die Muffe. Niemand wusste, wie es werden würde, wenn das Wasser reinkommt." Die Angst ist begründet. ***„Tags zuvor ist nur wenige Meter entfernt ein Panzer der Russen am Elbgrund abgesoffen. Vier Leute sind ertrunken."***

Eine Hundeschnauze im Gesicht

Träume und Grenzerfahrungen

Die 70er Jahre gehen zu Ende. Irgendwie haben sie alle ihren Platz gefunden: Werner und Klaus-Dieter, Heidi, Sybille und Bernd haben Berufe und Arbeit, haben Familien. Teils gehen ihre Kinder schon zur Schule. Die Erwachsenen ziehen Vergleiche zu ihrem Leben damals, vor vielen Jahren, als sie selbst noch Kinder waren. Vieles ist leichter geworden inzwischen und moderner. Es gibt sogar einen **bescheidenen Luxus**: **Waschmaschine, Kühlschrank, Stereo-Anlage**, ein altes **Auto** oder **Urlaub**. Sie können sich Wünsche erfüllen. Aber noch immer haben sie Träume. Einmal auf den **Eiffelturm** steigen und über Paris schauen, das ist Sybilles Traum. Oder mit einer **Gondel durch Venedig** fahren. Orte mit so witzigen Namen wie Honolulu, Uppsala oder Titicacasee nicht nur auf der Landkarte sehen. Es schaut nicht so aus, als würde das Wirklichkeit. Hätte ihr damals jemand prophezeit, dass ihre jüngste Tochter in Hamburg studieren würde – Sybille hätte ihm einen Vogel gezeigt.

„Richtig frei" fühlt sich Wolfgang Zerfass nur bei seinen ausgiebigen Tramptouren durchs sozialistische Ausland.

Das **Gefühl, frei zu sein**, ist ein anderes im Osten. Wolfgang kennt es dennoch. „***Es kam immer dann, wenn ich mich an die Straße stellte***." Ohne sich an irgendwen oder irgendetwas zu binden, macht er sich auf den Weg, erst als **Tramper**, dann als **Wanderer**. Die Moldau entlang läuft er; von der Quelle bis zur Mündung soll es gehen. Die Flöte reicht zur Unterhaltung. Im **Lipno-Stausee** wäscht er seine Wäsche mit **Kernseife**. Abends rollt er sich im Hochwald in seinen Schlafsack. Die **bayerisch-österreichischen Grenze** ist vielleicht zehn Kilometer weg. Beim Einschlafen hört Wolfgang Motorrad-Geknatter in der Nähe. Nachts hat er eine Hundeschnauze im Gesicht. Es geht auf die **Wache**. Bis zum Morgen wird er **verhört**. Erst ist der Mann gegenüber freundlich, bald wird er aggressiv. Er unterstellt dem 22-Jährigen **Fluchtpläne**. Es dauert, bis man Zerfass glaubt.

Schinken, Wurst und Rum als Geschenke

Trotzdem trampt er im Jahr darauf wieder, dieses Mal mit einer ganzen Gruppe. Die neue Freundin ist auch mit. Wieder geht es durch die CSSR, dieses Mal aber in Richtung Polen. Dort sind die **Unruhen auf der Danziger Werft** in vollem Gange. Man muss die Einreise beantragen. Keiner hat das getan. Doch: „Los, wir treffen uns in Krakau wieder", schlägt die Freundin vor. Was für ein Kitzel, so ein **„illegaler Grenzübertritt"**. Wolfgang macht sich allein auf den Weg. Er lernt einen tschechischen Offizier kennen, der ihn erst zum Essen in einen Gasthof und dann nach Hause einlädt. Bauarbeiter, die ihn ein Stück im Lieferwagen mitnehmen, statten Wolfgang mit hundert **Kronen** aus, auf dass der arme Kerl auch mal den Zug nutzen kann. Der Direktor eines Schlachthofs stopft Wolfgangs Rucksack mit Wurstbüchsen und Schinken voll. Einen Tag lang findet sich der junge Mann plötzlich in einer Art Volkslauf auf den nächsten Berggipfel wieder. Oben ist es kalt. Rum macht die Runde und wärmt.

Für den nächsten Tag ist der Grenzgang geplant. Wie er es in **Westernfilmen** gesehen hat, hält Wolfgang sein Bündel über den Kopf und watet durch einen fünf Meter breiten und brusttiefen **Grenzfluss**. Am anderen Ufes springt er von Baum zu Baum, auf dass er nicht entdeckt wird. **„Stoi"**, ruft es da plötzlich, und ein **Pole mit M-Pi** steht vor ihm. Dieses Mal ist das **Verhör in der Grenzerkaserne** kurz. Zwei Tage später ist Wolfgang wieder zu Hause – und trifft auf seine Freundin. Die hat, wie sich jetzt herausstellt, gar nicht erst versucht, nach Polen zu kommen.

Jahre später und dieses Mal an der richtigen Grenze hat Klaus, Sybilles Mann, Erfolg. **Über Ungarn** kommt er nach **Österreich** und **ins andere Deutschland**. Was da noch wie eine lange Trennung aussieht, dauert gerade mal drei Monate. Schon im November sehen sich beide ganz legal in Stuttgart wieder.

Was sonst noch geschah ...

1950

8.2. Gründung des Ministeriums für Staatssicherheit – 2.3. Die erste Briefmarke mit der Aufschrift „DDR“ erscheint – 24.3. Gründung der „Deutschen Akademie der Künste“ – 4.4. Das Volksbildungsministerium verbietet das Abspielen von „anglo-amerikanischer Tanzmusik“ in der Öffentlichkeit – 15.4. Ab sofort wird warmes Essen an den Schulen angeboten – 27. bis 30.5. Erstes Deutschlandtreffen der Jugend – 20. bis 24.7. Auf dem III. Parteitag der SED wird der „planmäßige Aufbau des Sozialismus“ beschlossen – 7.9. Sprengung der Ruinen des Berliner Stadtschlosses – 8.12. Premiere des DEFA-Films „Das kalte Herz“

1951

11. bis 14.1. Erste DDR-Meisterschaften für Junge Pioniere im Wintersport – 19.1. Marxismus-Leninismus und Russisch werden Pflichtfächer an Hochschulen – 23.2. Die Rationierung von Textilien wird aufgehoben – 22.4. Gründung des Nationalen Olympischen Komitees – 12.7. Die Arbeitsämter werden abgeschafft – 5. bis 19.8. III. Weltfestspiele der Jugend und Studenten finden in Ostberlin statt – 31.8. Premiere für DEFA-Film „Der Untertan“ – 20.9. Unterzeichnung des Interzonen-Handelsabkommens zwischen BRD und DDR (Berliner Vertrag)

1952

1.1. Beginn des Nationalen Aufbauwerks (NAW) – 26./27.5. An der innerdeutschen Demarkationslinie wird eine Sperrzone geschaffen – 9. bis 12.7. II. Parteikonferenz der SED: Die Kollektivierung der Landwirtschaft wird eingeleitet – 7.8. Gründung der Gesellschaft für Sport und Technik als Massenorganisation für vormilitärische Ausbildung – 18. bis 25.8. 1. Pioniertreffen; die Organisation heißt ab jetzt „Ernst Thälmann“ – 16.11. Verkauf des in Radeberg gebauten ersten Fernsehers „Leningrad“ beginnt – 21.12. Aufnahme des offiziellen Fernseh-Versuchsprogramms; erste „Aktuelle Kamera“ aus Berlin-Adlershof

1953

30.3. Allein in diesem Monat haben 58 600 Menschen die DDR verlassen – 9.4. Aufhebung der Rationierung von Schuhwaren und Textilien – 28.5. Ministerrat ordnet Erhöhung der Arbeitsnormen um 10,3% an – 17.6. Streik im ganzen Land; Ausnahmezustand über 167 Städte und Gemeinden verhängt; SED macht Rückzieher – 25.6. Erste Ausgabe der beliebten Kinderzeitschrift „FRÖSI“ erscheint – Radsportler Gustav-Adolf Schur wird erstmals „Sportler des Jahres“, diesen Titel erhält er dann neun Mal in Folge

1954

7.1. Ministerrat der DDR bildet „Ausschuss für deutsche Einheit" – 25.3. Sowjetunion erklärt die DDR für souverän – 1.5. Maidemonstration erstmalig mit „Kampfgruppen der Arbeiterklasse" – 5.8. Ab sofort dürfen DDR-Bürger nur noch 12 Pakete in den Westen senden und ebenso viele erhalten. Menge und Inhalt sind vorgegeben – 3.9. Umfangreiche Preissenkungen für Lebensmittel und Gebrauchtwaren – 6.10. Heinrich Mauersberger, Erfinder von Malimo, erhält Nationalpreis

1955

Start für legendäre Fersehsendungen: ab 23.1. „Flax und Krümel"; ab 2.11. „Da lacht der Bär" mit Heinz Quermann; ab 23.11. „Bei Meister Nadelöhr"; ab 13.12. „Willi Schwabes Rumpelkammer" – 17.3. Der erste duroplastbeschichtete PKW „P 70" kommt aus Zwickau – 5.5. Serienproduktion des ersten DDR-Mopeds „SR1" beginnt – 14.5. Warschauer Vertrag wird als Gegengewicht zur NATO geschlossen – 18.6. IOC erkennt NOK der DDR an – 23.10. Erste Direktübertragung eines Fußballspiels im DDR-Fernsehen – 23.12 Erstes Mosaik-Heft – Produktion des „Wartburg 311" beginnt in Eisenach

1956

3.1. Fernseh-Versuchsprogramm beendet; ab jetzt sendet offiziell der Deutsche Fernsehfunk – 9.2. Regierungsbeschluss zum umfassenden Ausbau der Sportförderung – 14. bis 25.2. Auf dem XX. Parteitag der KPdSU enthüllt Chruschtschow Stalins Verbrechen; erste Ansätze zur Entstalinisierung in der DDR – 1.3. Offizieller Gründungstag der Nationalen Volksarmee (NVA) – 5.6. Der erste Selbstbedienungsladen des Landes öffnet in Halle – 4.11. Sowjetische Panzer fahren in Budapest auf und beenden den Versuch Ungarns, sich aus dem Ostblock zu lösen

1957

18.1.Volkskammer beschließt Gesetz zur Einführung der 45-Stunden-Woche (bisher 48 Stunden) – 12.3. Vertrag über die zeitweilige Stationierung sowjetischer Truppen in der DDR – 27./28.4. Gründung des Deutschen Turn- und Sportbundes (DTSB) – 13.9. „Fernsehpitaval" mit Friedrich Karl Kaul zeigt authentische Fälle – 4.10. Sowjetunion startet ersten „Sputnik" – 13.10. Zweite Währungsreform – 1.11. Erich Mielke wird Minister für Staatssicherheit – 7.11. Produktion des „Trabant P 50" beginnt – 15.11. DEFA-Film „Vergesst mir meine Traudel nicht" mit Eva-Maria Hagen hat Premiere – 27.11. Erster „Montagsfilm" (meist UFA-Produktionen) im Fernsehen – 15.12. Premiere für „Das singende, klingende Bäumchen" – Produktion des „Wartburg 313/1" mit abnehmbarem Coupédach beginnt (19 800 Ostmark, 8625 Westmark)

1958

2.1. Gesetzesverordnung zu 40% West- und 60% Ostmusik bei öffentlichen Tanzveranstaltungen – 27.1. Pionierorganisation „Ernst Thälmann" wird sozialistische Massenorganisation für Kinder – 29.5 Lebensmittelkarten verschwinden – 10. bis 16.7. V. Parteitag der SED: Beschluss, den Lebensstandard der BRD bis 1961 zu überflügeln – 14.9. Einweihung Mahn- und Gedenkstätte Buchenwald bei Weimar – 8.10. Erstmals Abendgruß im Fernsehen, noch ohne Sandmännchen – 20.10. Erste „Schlagerrevue" im Radio

1959

15. bis 17.1. Beschluss zur Umgestaltung des Schulwesens ab 1964; zehnklassige Polytechnische Oberschule (POS) soll achtklassige Grundschule ablösen – 10.2. Start für Aktion „6000 FDJler werden Lehrer" – 18.4. Premiere für DEFA-Film „Das Feuerzeug" – 24.4. Start für Kampagne „Greif zur Feder, Kumpel" – 13. bis 21.6. Erste Arbeiterfestspiele finden im Bezirk Halle statt – Neues im Fernsehen: ab 20.8. Krimireihe „Blaulicht", ab 14.9. „Bei Professor Flimmrich", ab 8.11. „Clown Ferdinand", ab 22.11. Sandmännchen als Rahmenfigur im Abendgruß, ab 25.12. „Zwischen Frühstück und Gänsebraten" – 23.10. Letztes Pferdefuhrwerk der Berliner Müllabfuhr wird verabschiedet

1960

Neues im Fernsehen: 30.1. Gründung der „Intervision" zwischen Polen, Ungarn, CSSR und DDR, ab 21.3. „Der schwarze Kanal" mit Karl-Eduard von Schnitzler, ab 17.5. „Tip des Fischkochs" – 22.2. Schweres Grubenunglück in Zwickau, 123 Kumpel sterben – 28.4. Anordnung: Begriff „Deutschland" darf auf Landkarten nicht mehr erscheinen – 31.5. Kollektivierung der Landwirtschaft gilt als abgeschlossen – 7.9. Präsident Wilhelm Pieck stirbt, Nachfolger wird Staatsratsvorsitzender Walter Ulbricht – 8.9. Bundesbürger dürfen nur mit Aufenthaltsgenehmigung nach Ostberlin – 3.11. Premiere für DEFA-Film „Fünf Patronenhülsen" mit Erwin Geschonnek, Armin Müller-Stahl und Manfred Krug

1961

1.1. Impfung gegen Diphtherie und Wundstarrkrampf wird Pflicht – 12.4. Juri Gagarin fliegt als erster Mensch ins All – 1.5. Jungfernfahrt des ersten in der DDR gebauten FDGB-Urlauberschiffes „Fritz Heckert" – 15.6. Ulbricht erklärt: „Niemand hat die Absicht, eine Mauer zu errichten." – 29.7. Einführung des „Haushaltstages" für berufstätige Frauen – 13.8. Schließung der Grenzübergänge nach Westberlin; Bau der Mauer beginnt – 28.8. Start der Dreharbeiten für „Kinder von Golzow"; längste Dokumentation der Filmgeschichte – 8.10. Premiere für DEFA-Film „Schneewittchen" – 13.10. Erstes Ampelmännchen in Berlin – Produktion des Kleintransporters „Barkas B 1000" beginnt

1962

1.1. Impfung gegen Keuchhusten wird Pflicht – 24.1. Volkskammer beschließt „Gesetz über die allgemeine Wehrpflicht" – 22.3. Bundesbürger brauchen ab jetzt Visa zur Einreise in die DDR – 14.8. Premiere für DEFA-Film „Die Jagd nach dem Stiefel" – 10.11. Erstmals werden Fernsehlieblinge gekürt; unter ihnen Rolf Herricht, Willi Schwabe, Heinz-Florian Oertel, Heinz Quermann, Eberhard Cohrs und das Sandmännchen – Start für Produktion des „Trabant P 60"

1963

17.1. Nikita Chruschtschow besichtigt die Mauer – 10.4. Premiere für DEFA-Film „Nackt unter Wölfen" – 16. bis 19.6. Valentina Tereschkowa umkreist als erste Frau die Erde – 17.6. Pioniereisenbahner erhalten Mini-Eisenbahner-uniformen – 21.6. Errichtung eines Grenzgebietes zwischen Westberlin und der DDR – 3.7. Beschluss zur Errichtung von Spezialschulen und -klassen in Mathematik und Naturwissenschaften, Sport und Russisch – 15. bis 20.10. Die Kosmonauten Juri Gagarin und Valentina Tereschkowa in der DDR – 27.12. DEFA-Film „Karbid und Sauerampfer" hat Premiere – Produktion des „Trabant P 601" beginnt

1964

1.2. Als erstes Modell der beliebten Vogelserie (Spatz, Star, Sperber, Habicht) geht der Kleinroller Schwalbe in Serie – 9.3. Ein sowjetischer Abfangjäger schießt über dem Thüringer Wald ein amerikanisches Militärflugzeug ab – 16. bis 18.5. Drittes und letztes Deutschlandtreffen der Jugend in Berlin; Erste Sendung von Jugendstudio DT 64 – 3.9. Premiere des DEFA-Films „Der geteilte Himmel" nach Christa Wolf – 7.9. Der Wehrdienst ohne Waffe, genannt Bausoldat, wird eingeführt – 9.9. Rentner dürfen ab jetzt einmal jährlich in die BRD und nach Westberlin – 7.10. Start für Sendereihe „Mit dem Herzen dabei" mit Hans-Georg Ponesky im Fernsehen – Produktion des „Wartburg 312" beginnt

1965

20.3. Louis Armstrong gastiert als erster US-Showstar in Ostberlin – 8.4. AMIGA veröffentlicht erstmals eine Beatles-Langspielplatte – 19.6. bis 4.7. Erste Kreis-Kinder- und Jugendspartakiaden – 16.7. Premiere für DEFA-Film „König Drosselbart" mit Manfred Krug – 25.10. Start für erfolgreiche Reihe „Der Staatsanwalt hat das Wort" im Fernsehen – 15.11. Zulassung für Anti-Baby-Pille in der DDR – 9.12. Beschluss über Schul- und Kinderspeisung – 22.12. Einführung der Fünf-Tage-Woche in jeder zweiten Woche

1966

15.2. Gründung des „Oktoberklubs“ als Initiator der Singebewegung – 18.2. Premiere für ersten DEFA-Indianerfilm „Die Söhne der großen Bärin“ mit Gijko Mitic – 8.4. Premiere für DEFA-Film „Reise ins Ehebett“ mit DDR-Idol Frank Schöbel – 9.4. Erster arbeitsfreier Sonnabend – 3.5. Produktionsbeginn für Säuglingsfertignahrung „Milasan“ – 9.5. Erstes Atomkraftwerk geht in Rheinsberg ans Netz – 12.6. Premiere für DEFA-Film „Spur der Steine“ mit Manfred Krug und umgehendes Verbot der Aufführung – 24. bis 31.7. Erste Zentrale Kinder- und Jugendspartakiade – Produktion des „Wartburg 353“ beginnt

1967

1. bis 5.2. Gabriele Seyfert wird Europameisterin im Eiskunstlauf – 3.5. Beschluss zur Einführung der Fünf-Tage-Woche ab 28.8. und Minderung der wöchentlichen Arbeitszeit auf 43 ¾ Stunden – 14.5. Premiere für DEFA-Film „Hochzeitsnacht im Regen“ mit Frank Schöbel – 18.8. Prozess gegen 37 Fluchthelfer in Berlin – 29.10. In Berlin größte Truppenparade von DDR- und sowjetischem Militär zum 50. Jahrestag der Oktoberrevolution – 1.12. Umbenennung der Währung in „Mark der Deutschen Demokratischen Republik“

1968

12.1. Neue Strafprozessordnung beschlossen (ab 1.7. in Kraft), sie sieht differenzierte Strafen abhängig von „Gesellschaftsgefährlichkeit“ und „Einstellung zum sozialistischen Staat“ vor – 1.2. Premiere für DEFA-Film „Ich war neunzehn“ von Konrad Wolf – 30.5. Sprengung der Universitätskirchen-Ruine in Leipzig – 21.6. Premiere für DEFA-Film „Heißer Sommer“ mit Traumpaar Frank Schöbel und Chris Doerk – 1.7. Beitritt der DDR zum Atomwaffensperrvertrag – 21.8. Aufruf zur „Sicherung der sozialistischen Entwicklung in der CSSR“ – 22.8. Leipziger „konsument“-Warenhaus öffnet nach Umbau als größtes und modernstes Kaufhaus der DDR – 1.12. Genthiner Waschmittelwerk präsentiert „Spee“

1969

5.1. Fernsehpremiere für Fünfteiler „Krupp und Krause“ – 26.2. bis 2.3. Gabriele Seyfert wird Eiskunstlauf-Weltmeisterin – 2.7. Im Motorradwerk Zschopau wird die 250er MZ „Trophy Sport“ gebaut – 27.8. Kindergelderhöhung: ab dem 3. Kind gibt es statt 20 jetzt 50 Mark – 25.9. Erste Fünfmarkmünzen im Umlauf – 2.10. Weltzeituhr am Alexanderplatz wird Wahrzeichen – 3.10. Der 365 Meter hohe Fernsehturm in Berlin öffnet, Zweites Programm des Deutschen Fernsehfunks geht auf Sendung, erste Farbsendungen im Secam-System, Fernsehzeitung „FF-dabei“ erscheint in Farbe – 19.11. Erstes Konzert der Puhdys in Freiberg – Kältester Dezember seit 1893; Engpässe bei Nahrungsmitteln und Brennstoffen

1970

2. bis 3.2. Landwirtschaft kann die DDR-Bevölkerung nicht ausreichend versorgen; Lebensmittel-Lieferungen mit Sowjetunion vereinbart – 3. bis 8.3. Gabi Seyfert wird Eiskunstlauf-Weltmeisterin – 19.3. Willy Brandt in Erfurt – 19.4. Lenin-Denkmal in Berlin eingeweiht – 22.4. Überall im Land zahlreiche Veranstaltungen zum 100. Geburtstag Lenins – 28.7. Honecker fährt nach Moskau, um mit Breschnew über Ulbrichts Ablösung zu beraten – 7.10. Erste „Goldbroiler"-HO-Gaststätte öffnet in Erfurt – 25.11. Centrum-Warenhaus öffnet als größtes Kaufhaus der DDR in Berlin – „Fuchs und Elster" erstmals Fernsehlieblinge

1971

31.1. Telefonverkehr zwischen Ost- und Westberlin wieder aufgenommen – 3.5. Walter Ulbricht erklärt Rücktritt aus Altersgründen; Honecker wird 1. Sekretär des ZK der SED – 7.5. Kunstpreis für Duo Dagmar Frederic und Siegfried Uhlenbrock – 30.5. Erstes Dixieland-Festival in Dresden – 4.6. Fünf-Sterne-Hotel „Neptun" öffnet in Warnemünde – 15. bis 19.6. Auf VIII. Parteitag der SED wird Neu- und Ausbau von 500 000 Wohnungen beschlossen – 27.6. Start für Krimiserie „Polizeiruf 110" – 9.10. Enthüllung des Karl-Marx-Denkmals in Karl-Marx-Stadt (Chemnitz) – 15.11. Deutschlandsender und Berliner Welle werden „Stimme der DDR" – 18.11. Preisstopp für Konsumgüter und Dienstleistungen bis 1975 verkündet

1972

1./15.1. Pass- und visafreier Verkehr mit Polen und CSSR – 29.1. Erster „Kessel Buntes" im Fernsehen – 3.2. Erster Auftrit von „City" – 9.3. Gesetz über Schwangerschaftsunterbrechung angenommen – 24. bis 25.4. Tanzmusikkonferenz: Jazz und Beat erlaubt – 28.4. Beschluss: 1000 Mark bei Geburt, 5000 Mark als zinsloser Ehekredit (bei 3 Kindern keine Rückzahlung) – 18.5. Letzte Privatbetriebe werden „Volkseigentum" – 18.7. Erstmals „Außenseiter-Spitzenreiter" im Fernsehen – 10.9. US-Amerikanerin Angela Davis in Berlin, zuvor FDJ-Kampagne „Freiheit für Angela Davis" – 7.10. Nationalpreis für Armin Müller-Stahl – 21.11. DDR ist UNESCO-Mitglied – 21.12. Grundlagenvertrag zwischen BRD und DDR unterzeichnet

1973

12.1. Weitere Staaten erkennen DDR an, zum Neujahrsempfang kommen Diplomaten aus 70 Ländern – 5. bis 11.2. Christine Errath wird Eiskunstlauf-Europameisterin – 7.2. DDR akkreditiert Journalisten aus der BRD – 29.4. Premiere des DEFA-Kultfilms „Die Legende von Paul und Paula" – 13.5. Erster Rennsteiglauf – 1.6. Neue Geldscheine in Mark der DDR – 15.6. Show „Chris und Frank" im Fernsehen – 28.7. bis 6.8. X. Weltfestspiele der Jugend und Studenten in Berlin mit Teilnehmern aus 140 Nationen – 1.8. Walter Ulbricht stirbt – 18.9. DDR wird in UNO aufgenommen – 2.10. Wohnungsbauprogramm beschlossen: 3 Millionen Wohnungen bis 1990 – 19.12. DDR-Bürger dürfen im „Intershop" mit Devisen einkaufen

1974

10.1. Egon Krenz wird FDJ-Vorsitzender – 5. bis 10.3. Christine Errath und Jan Hoffmann sind Eiskunstlauf-Weltmeiser – 10.3. Premiere für DEFA-Kultfilm „Drei Haselnüsse für Aschenbrödel" (DDR/CSSR) – 24.4. Brandt-Referent Guillaume wird unter Spionageverdacht für DDR festgenommen – 2.5. Ständige Vertretungen beider deutscher Staaten nehmen Arbeit auf – 8.5. 1. FC Magdeburg gewinnt Fußball-Europacup – 22.6. Bei Fußball-WM besiegt DDR die BRD mit 1:0 – 4.9. USA nimmt diplomatische Beziehungen zur DDR auf – 19.10. Verlängerung der Urlaubszeit von 15 auf bis zu 21 Tage – 12.12. Fortführung der Swing-Regelung unterzeichnet (zinsloser Überziehungskredit im innerdeutschen Handel)

1975

1.1. Eröffnung des FDJ-Reisebüros „Jugendtourist" – 25.3. Österreich erkennt als erstes westliches Land die DDR-Staatsbürgerschaft an – 17.4. Premiere für DEFA-Film „Jakob der Lügner" – 27.4. Erste Baukolonne reist zum Bau der Drushba-Trasse in die Sowjetunion – 30.7. bis 2.8. Gespräche zwischen Helmut Schmidt und Erich Honecker auf der Konferenz für Sicherheit und Zusammenarbeit in Europa (KSZE) – 22.9. Verbot für Rockband „Renft" – 20. bis 25.10. Frauen-Weltkongress für „Gleichberechtigung, Entwicklung, Frieden" in der DDR (2000 Teilnehmer aus 135 Ländern)

1976

25.4. Eröffnung des „Palastes der Republik" in Berlin – 29. bis 30.6. Über die „eurokommunistische" Orientierung beraten 29 Delegationen von kommunistischen und Arbeiterparteien Europas in Berlin – 30.7. Mindestlöhne von 350 auf 400 Mark erhöht – 26.8. Premiere für DEFA-Film „Die Leiden des jungen Werher" – 15.9. Beim Flug von „Sojus 22" kommt die bei „Carl Zeiss Jena" gebaute Multispektral-Kamera zum Einsatz – 7.10. Nationalpreis für Schauspieler Angelica Domröse und Hilmar Thate – 16.11. Ausbürgerung von Liedermacher Wolf Biermann

1977

25. bis 29.1. Annett Pötzsch und Jan Hoffmann werden Eiskunstlauf-Europameister – 17.2. Erich Honecker bestätigt in „Saarbrücker Zeitung" Existenz von rund 10 000 Ausreiseanträgen – 20.6. Manfred Krug siedelt mit Familie in die BRD über – 25.6. Grundsteinlegung für Wiederaufbau der Semper-Oper in Dresden – 1.7. „Kaffee-Mix" kommt (aus Mangel an Kaffee und Devisen) in den Handel, Spitzname „Erichs Krönung" – 27.7. Zugunglück bei

Lebus, 29 Tote – 23.8. Verhaftung des Regimekritikers Rudolf Bahro – 26.9. Ausbau der „Exquisit"-Läden angekündigt – 30.11. Wolfsburg bestätigt Bestellung von 10 000 VW Golf durch DDR – City-Hit „Am Fenster" erscheint und wird als erster Tonträger der DDR im Westen vergoldet

1978

10.1. Büro des „Spiegel" in Ostberlin wird durch DDR-Behörden geschlossen – 7. bis 11.3. Annett Pötzsch wird Eiskunstlauf-Weltmeisterin – 1.5. Erste Taschenrechner kommen aus Röhrenwerk Mühlhausen – 26. bis 28.5. Größtes Kirchentreffen seit Kirchentag von 1954 – 26.8. bis 3.9. Als erster Deutscher fliegt Kosmonaut Sigmund Jähn mit „Sojus 31" ins All – 1.9. An DDR-Schulen wird in Klassen 9 und 10 Wehrunterricht als Fach eingeführt – 5.10. Premiere für beliebten DEFA-Jugendfilm „Sieben Sommersprossen" – Erfolgstitel „Über sieben Brücken musst du gehen" von „Karat" erscheint

1979

1.1. Erstausstrahlung der Serie „Spuk unterm Riesenrad" im Fernsehen – 30.1. Vereinbarung: Müll aus der BRD wird gegen Devisen auf künftiger Großdeponie Schönberg (DDR) abgelagert – 15. bis 24.2. Honecker besucht Libyen, Angola, Sambia und Moçambique – 16.4. Zum Einkauf bei Intershop, Intertank und Genex müssen DDR-Bürger ihre Devisen in sog. Forumschecks umtauschen – 1. bis 3.6. Nationales Jugendfestival der FDJ mit 700 000 Teilnehmern – 24. bis 26.8. Frauen-Nationalmannschaft gewinnt in Montreal Leichtathletik-Weltpokal – 16.9. Zwei Familien gelingt Flucht in den Westen mit Heißluftballon – 3.10. Eröffnung des Pionierpalastes Wuhlheide – 14.12. Amnestie zum 30. Jahrestag der DDR

1980

1.1. Die DDR wird für zwei Jahre nichtständiges Mitglied im UN-Sicherheitsrat – 17.1. Premiere für DEFA-Kultfilm „Solo Sunny" – 29.1. Letzte Vorstellung im alten Berliner Friedrichstadtpalast (dann Abriss) – 27.5. bis 1.6. Honecker besucht Kuba, Vertrag über Freundschaft, Zusammenarbeit und Warenaustausch – 25.8. Honeckers Memoiren „Aus meinem Leben" erscheinen auch in England – 13.10. DDR-Schriftstellerin Christa Wolf erhält Büchner-Preis in Darmstadt – 5.12. Beratung führender Vertreter des Warschauer Paktes über Situation in Polen – 31.12. Subventionen aus dem Staatshaushalt für Preisstützungen liegen bei 17 Milliarden Mark – Ute Freudenbergs Kult-Hit „Jugendliebe" erscheint

Weitere Bücher aus dem Herkules Verlag:

Unerschrocken die Wahrheit sagen
deutsch/englisch
Auf Martin Luthers Spuren
Seine allerbesten Sprüche
von Doris Berth
64 S., gebunden, zahlreiche Farbfotos
(ISBN 3-937924-40-X)

Alltagsgeschichten Ostdeutschland

Geboren in den 20ern
Unsere Kindheit, unsere Jugend ...
von Geo Kaef
80 S., gebunden, zahlr. S-w-Fotos
(ISBN 978-3-937924-58-8)

Geboren in den 30ern
Unsere Kindheit, unsere Jugend ...
von Uwe Schieferdecker
80 S., gebunden, zahlr. S-w-Fotos
(ISBN 978-3-937924-59-5)

Geboren in den 40ern
Unsere Kindheit, unsere Jugend ...
von Kurt Wünsch
80 S., gebunden, zahlr. S-w-Fotos
(ISBN 978-3-937924-60-1)

Geboren in den 50ern
Unsere Kindheit, unsere Jugend ...
von Sylvia Pommert
80 S., gebunden, zahlr. S-w-Fotos
(ISBN 978-3-937924-61-8)

Weitere Bücher aus dem Herkules Verlag zum Verschenken

Alltagsgeschichten Westdeutschland

Oh je, wie doch die Zeit vergeht!
Geboren in den 20ern
von Geo Kaef
80 S., gebunden, zahlr. S-w-Fotos
(ISBN 3-937924-19-1)

Oh je, wie doch die Zeit vergeht!
Geboren in den 30ern
von Jochen A. Veeser
80 S., gebunden, zahlr. S-w-Fotos
(ISBN 3-937924-20-5)

Oh je, wie doch die Zeit vergeht!
Geboren in den 40ern
von Wolfgang Rudolph
80 S., gebunden, zahlr. S-w-Fotos
(ISBN 3-937924-21-3)

Oh je, wie doch die Zeit vergeht!
Geboren in den 50ern
von Günther Klugermann
80 S., gebunden, zahlr. S-w-Fotos
(ISBN 3-937924-22-1)

Herkules Verlag
Richard-Strauß-Straße 33 · 34128 Kassel
Telefon (0 561) 9 37 17 38